平田 治
Osamu Hirata

虐待された少年とともに

出会って5年・教師がみつけたこと

一莖書房

はじめに

彼の魂は傷ついている。Kは虐待された少年だ。

小学校二年生のKと出会ってから過ごした五年間。学級担任の田村比佐夫教諭にとって、それは戸惑いと歯痒さの中で、絆を求め続けた時間だった。

驚きましたよ。Kの体はよく見ると、全身傷跡だらけなんです。顔も五ミリから一センチくらいの細長い傷跡だらけ。頭も丸坊主に刈上げたらよくわかったんですが、ところどころ毛がない。傷跡ですね。明らかに虐待に因るものでしょう。でも、一番傷ついていたのはここですよここ、心。魂と言ってもいい。魂の傷跡です。

読者はご存知だろうか。虐待を受けた子どもたちが、保護されて後、どのように生活しているか。特に、どのような学校生活を送っているか。

児童養護施設での生活ぶりや、施設を出て就職してからの姿などについては、テレビや著作をとおして伝えられるようになってきている。幸か不幸か、それは虐待件数の増加と比例して。その一方で、保護された後、学校教育によって虐待の傷跡はどのように恢復されてゆくのか。そうした過程は、ほとんど知られていない。彼らは、どのような学校生活をおくっているのだろうか。

本書は、学級担任の田村先生とKとの交流を中心に、虐待された子どもたちに対する学校教育がいかに困難極まりないものか、またそこに見い出された光はなんだったのかを記録したものである。

私の古い研究仲間である田村さんから、彼の学級に在籍しているKやM郎の話を初めて聞いたとき、私は俄かに信じることができなかった。確かに私とは遠く離れた他県に住む彼の身におきていることは、遠い話ではあった。しかし、折に触れて虐待について調べてみているうちに、虐待がいかに身近な問題であるかがわかってきた。

児童虐待は極めて身近な問題なのだ。実は、私たち大人はいつも虐待の一歩手前のところにいるのだから。

誰しも一度は、可愛いと思う我が子を、あるいは担任している子どもを、可愛いと同時に憎らしくて仕方がないと思ってしまう瞬間があるはずだ。いけないとは思いつつ、殴りつけたくなる瞬間があったはずだ。そんなふうに子どもを傷つけそうになる悪心を、私たちはこの身のうちに隠し持って生きているのではないだろうか。

我が子が通う学校には、虐待から保護されて共に過ごす子どもがいるかもしれない。自分が担任する学級に、保護されて児童養護施設で暮らす子どもが転入して来るかもしれない。ますますその可能性は高くなってきているのだ。あるいは、マンションの隣の部屋で、今まさに虐待を受け、その事実を隠しながら毎日通学している子どもがいるかもしれない。そんな想像をしてしまうほど、児童虐待は増加しつつあるのが現状なのだ。

本書は、虐待から保護された一人の少年Kと、とことん悩み続けながら彼を支え続けた学級担任田村先生との、十年間に及ぶ心の交流を記録したものである。

私は願う、この本の読者に。

虐待された子どもたちの魂は、いったいどうすれば癒され恢復されるのか。そのために学校は、家庭は、社会はどうあるべきか。共に考えていただきたい。

尚、本文中に出てくる人物の名前はすべて仮名にさせていただいた。プライバシー保護のためである。それ以外の日記や作文や言動は、すべて事実であることを予めお断りしておきたい。

目次

第一章　担任田村教諭の日記

奇妙な指（八月）

夏休みに入って、Ｋが学校のプールに顔を出した。今日もプールには、数十人の子どもたちが泳ぎに来た。いかにも夏らしい、水恋しくなるような日。

先日保護されたというＫ。会いに行ったから、お互い顔は知れている。

何か声をかけなくては……話題はなんでもいい、声をかけよう。……だが、虐待を受けていた子どもといったい何を話せばいいのか。

私は、緊張した。

プールの足洗い場の砂を流そうとホースを握っていた。私の右手の親指は、若い頃バスケットボール練習中にクセになるほど突き指を繰り返した結果、わずかに角度が付いたまま曲げられなくなってしまっていた。

その指を、数日前また突き指してしまったのだ。意外なほど緊張して高まった感覚が、突き指の痛さを思い出させた。……仕方ない、自分の指を見せながら話しかけてみた。

「Ｋ君、ちょっと見て。先生この間、プールで突き指しちゃってさ。まだ痛くてしょうがないよ……。わかる、ほらここふくらんじゃってるでしょ」

すると、Ｋは気さくな感じで返事を返してきた。

Kも私に指を見せた。

「おれもさあ、かあちゃんにばんって叩かれてさ、指こんなふうに曲がっちゃってるよ」と、右手の指を見せた。

えっ、なんだこれは。

中指は真ん中辺りで、奇妙な感じに斜めに伸びていた。第二関節が少し膨らんで、そこから少し斜めの奇妙な方向に指が伸びている。

いったい何で叩かれたのだろう。箒かモップか掃除機の柄か、様々に想像せずにはいられなかった。振り下ろされた凶器と、その瞬間のKの居すくまる様子が、頭の中を駆け巡った。そうして私は、喉の奥を誰かに締め付けられたような息苦しさを感じた。

「何で叩かれたんだい」とは、とても聞く勇気がなかった。

指がこんなに変形してしまうほど叩かれたK。そのとき、Kはいったいどんな痛みに耐えたのだろう。

「あれ、何。この指どうしたの」

「何しただ？　骨折れたの」

周囲にいた子どもたちが、覗き込みながら集まって来た。私は、慌てて話を転換するのが精一杯だった。

「さあ、早く片付けてしまうよ。時間がないよ」

そう言ってホースの片付けにかかった。


田村先生は日記の中で、Ｋとの出会いをこんなふうに書き始めていた。いきなりの先制攻撃を受けて、どう対したらよいのかわからずどぎまぎしてしまっている。同じ教師として、私にも彼の緊張感が伝わってくるようだ。

肉体はこのように傷つけられた。それは痛ましい傷跡となってはいるが、いずれも癒え、体中に刻印されている。しかし、虐待によって傷ついた彼の魂は、果たして恢復されていくのだろうか。しかも学校教育によって。現在の学校に、果たしてその傷跡を癒す力があるだろうか。

田村先生は、この重く深い問いを抱きながら、虐待されていた少年Ｋを卒業までの五年間担任し続けた。

虐待から保護された子どもは、児童養護施設で生活し、近くの公立学校へ通うことになる。

朝八時には登校し、四時過ぎに施設に帰るまでは学校での生活。少なく見ても、八時間は学校にいる。したがって、学校での生活のあり方が重要なのは言うまでもない。学校は、虐待を受けた子どもにとって、魂の傷を癒し恢復する場所となるべきだ。

ところが、子どもが一日の大半を過ごす学校現場に、教育改革の嵐が吹き始めていた。九十年代初頭から始まったゆとり教育、その結果教育現場のゆとりはますます奪われていった。上意下達の改革案によって振り回され、教師たちの多忙化はますます蔓延していた。

そんな小学校教師田村の目の前に、ある日突然、虐待から保護された少年がぽんと置かれた。東京や大阪とは遠く離れた静かな田舎町の小さな小学校が、児童虐待という教育問題の最先端に立たされようとしていたのだった。

考えてみれば、私たち教師はいつもそうだ。都会に住んでいた両親が突然離婚して、母親は子どもを連れて田舎の実家に引っ越して来る。小さく傷ついた心を引きずって、子どもは次の日から近くの学校に通学して来る。転入の多くが、学期末とか年度末が多いのに、どこかの月の途中辺りで転入して来る子どもの場合は、大抵が家庭内の問題が原因なのだ。

すべてを忘れるところから（八月末）

驚いた。なんと7cm－4cm＝5cmときた！

「引き算は不得意」とは言っていたが、これには参った。

おいおい、こりゃあ一年生の一学期の内容ダヨ。二年生でこの程度の引き算ができないとは！

虐待で保護された子どもって、こういうふうになってしまっているのか。

集中できる時間も、まあ数分だ。

朝起きたときの気分か、その日の天気か、そのときそのときの気分か。まるで、日替わりメニューのランチのようだ。

ストップウォッチを使って、一問何秒でできるか計りながらやってみた。

「さあ、K君いくよ。一問ずつやっていこう。時間計るからね。いくよ、用意、はい！」

こんなふうに、多少の強迫観念のもとでやらせたわけだ。

こういうやり方だと、当然マンツーマンにもなる。すると、なんとすらすらとできてしまった。31－18などというのも暗算でさっと出す。これは、どういうことを意味しているのか。

　首をぶるぶるっと振るわせるチックや爪かみをすることも気にかかる。

　自分を最も愛してくれるはずの親から虐待された子どもが、教師に心を開くことなどあるのだろうか。人生の幼い日に、大人から人間関係を遮断された子どもが、ふたたび誰かと絆を結ぼうとする生き方に立ち戻れるのか。

　閉じた心の部屋のドアをノックする教師に応えて、彼はドアを開けて踏み出すことができるのであろうか。

　あの九十年代半ばは、それ以降に社会問題化してくる児童虐待の前触れの時期であった。

　全国の児童相談所における虐待に関する相談処理件数は、九十年代半ばを境に二千件を突破し、十年後二〇〇五年には三万五千件に近づきつつある。十年で十七倍である。

　この数字はあくまでも相談処理の件数である。虐待は隠蔽されやすい。三万五千件も実は氷山の一角にちがいない。虐待そのものは、実際はその十倍だとも言われているのが現状なのである。

傷跡（九月六日）

今日は大変な日だった。

クラスの春彦君が、昨夜家で兄弟でじゃれ合っていたらタンスにゴンしたとかで頭を切り、病院へ。大輔君は、体育館のステージのコンクリート柱に額をぶつけ、驚くほどプクンと膨らんでしまった。

Ｋはそれを見て、

「おれも掃除機で頭殴られて怪我したことあるに」

「えっ⁉　掃除機のどこ？」

「ほれ、こういう先のこうなっているところ」

継母がやったにちがいない。掃除機の先についている吸い込み口の部分で、思い切りＫを殴ったにちがいない。

Ｋの頭は、所々小さく禿げているところがあり、側頭部には２cm位の傷跡が目立っていた。あそこを殴りつけられたのか。

いったいどんな状況でそんなことをしたのだろうか。この子はそういうところをくぐり抜けてきたのだ。

魂との出会い

虐待から保護された子どもたちの学校生活は、言わばベールを被った領域だ。どの子がどんな虐待を受けていたなどということは、そう容易く表沙汰にはできない。増してや、教師たちがそうした報告を発表し合う場もない。仮にあったとしても、プライバシーの問題が壁となって公表はされにくいものだ。

しかし、虐待を受けた子どもたちに対する学校教育は、困難を極めているにちがいない。彼らの心理状態を考えると、子どもに一定の学力をつけることを使命とする学校現場は、いったいどう対処しているのだろうか。

どう受け入れるべきか（九月八日）

読み聞かせをしようとすると、後ろからべたーっとおんぶしてくる。頬擦りもする。ええっ、どうしたんだい今日は。まるで赤ちゃんじゃないか。なんという過剰な甘え方なんだ。なぜこんなことをするのか。よくわからない。背中のほうから覆いかぶさって来るので実に読みにくい。

「K君、先生ちょっと読みにくからさあ、こっちの前の方に来てよ」

一度払いのけてから、どうしたものか迷った。やはり、読みずらくても受け入れるべきなのだ、きっと。

こうした人への過剰なほどの接し方も、被虐待児の大きな特徴だと言える。

田村はKの親ではない。しかし学校で一日の大半を過ごす小学生の生活を考えると、Kが生まれてからの十二年間で、田村が最も長く接した人間だということになる。Kは実母が亡くなってから、親戚などをたらい回しにされながら育ってきたのだから。

教職経験二十年のベテラン教師田村であったが、なるほど彼も戸惑っていた。虐待を受けた子どもを初めて担任する。しかも学校規模はそれまで経験したことのない児童数。全校でたった三十数人。担任する二年生の学級は、当初四人しかいなかった。そこへKが入って来て五人。田村は結局、この五人の子どもたちを二年生から連続して持ち上げ卒業させることになる。五人という小人数学級を、五年間持ち上げて担任し、卒業させるという経験は恐らく特殊な例だろう。田村にとっても、子どもたちとこんなにも長く親密な関係を結んだことは、初めてだったのにちがいない。

九月十日

放課後職員室で抱っこして遊んでいた。随分長く、二十分程抱っこしたまま遊んだ。小吉大吉などと書いた鉛筆を十本くらい持って来ていた。それを、転がしては占いをする。大吉が出るたびに、「おお、やったあ。運がいいぞ」などと大袈裟にはしゃいでみせると、Ｋはふふふふっと柔らかい表情を見せてくれた。

これはチャンスかもしれないと、前々から気になっていたことに触れてみた。何気なく、指と頭の（虐待による）傷について聞いてみたが、「ううん」と言うだけで、はっきりとは話したがらない（今週が転入して第四週目である）。

一進一退の日々

九月十三日

今までの一番の大きな変化……それは、あの鉛筆削りを壊してしまったという次の朝のこと。

十二日の朝私が来ると、教室の窓が開けてくれてあった。この学級でこんなことをしてくれたのは、彼が初めて。

放課後には、鉛筆削りに芯が詰まっているのを、五時近くまで一人で頑張ったのにどうしても直せなかった。Kが帰った後、私が分解して直した。学園に立ち寄って、「K君、鉛筆削り直っていたよ。きっと、教室の神様が直してくれたんだね」（私の学級には度々神様が現れる！）と伝えると、ほっとした表情でいたのだ。窓を開けたことを誉めると、十三日の朝も開けてあった。

算数プリント。他の子どもより遅かったが、とても集中してやった。繰り上がりのある筆算。少しずつミスがあり五十点。しかし、考え方はできてきている。問題はその後、五十点だったというので拗ねてテーブルの下にもぐり込んでしまったこと。機を見て、一度だけ机に戻るように注意すると、さっと戻った。

算数テストで、立式まではよかったが、435－79の筆算の計算が間違っていた。指での数え足しである。「指を使わない方法があるんだけどなあ……」と言うと、テーブルの下にもぐり込んだ。

これも頃合を見て、「あなたはわかっているのだが、ミスをするのだ」と静かに言うと、出て来て床に座り込んだままで椅子を机がわりにしてやり出した。

九月十三日

地図で場所当てをする際、春彦君が間違うと、その度に「ばか、そこは○○○なんだよ！」と言っては彼の頭を叩いた。

虐待されていたことを意識して、わざと、

「あなたは叩かれるとどれほど嫌か、一番よく知っているはずでしょ！」

と注意した。一瞬ぴっとなって止まり、じっと私を見た。

九月十四日

社会見学からの帰りの車中のこと。

朝出かけるとき、洋君はKに貰ったというカブトムシを箱に入れて持って来た。しかし、Kは帰りになってまたそのカブトムシが惜しくなってしまったらしい。二人が盛んに言い合った。

「かえして！」

「なんで、ぼくが貰っちゃったんだよ」

「ううん、おれのだよ、もともとおれのだよ」

「だめ、もう貰ったものはぼくのだよ」

「なんでかえさねえだ⁉」

「だめだって、じゃあさあ、ぼくんちに見に来ればいいに」

「触らせてくれる？」

「うん、いいよ。ねえねえ、先生どうしたらいいと思う？」

「先生はね、どうしたらいいかってことは言えないけど、これについての考えはあるよ。聞きたい？」

「うん」

「一度人にくれちゃったものをやたらにかえしてって言うのは、いけないと思う。でも、また欲しくなったK君の気持ちはわかってあげなくちゃいけないと思うよ」

洋君は、

「そりゃあ、そうさあ。だから、そういうふうに決めたんじゃん」

うまい具合に解決した。

子どもたちの起こす問題に対して、教師がどういう距離感をもって対応していけばよいか、ひとつ見えたような気がした。

九月十八日

大変暑い。能率が上がらないから昼寝をすることにした。

他の子どもたちが疲れて、皆床で寝ているのに、一人だけで算数をやっているK。繰り上がりのある筆算。この子の中に向上心が芽生えてきた！

そこで、今日遂に強い要求を出した。柔軟体操の開脚で、

「もう一ヶ月経っているんだよ。まだ、それしか曲がらないんじゃダメだよ。こういうふうにぐっとやって……」

床の方にKの頭を押しつけるようにしながら言うと、痛がって涙を流した。

「痛い、痛い」と言って泣いた。こんなふうに泣く姿は、初めて見た。

Kは今まで、肉体的な苦痛をさんざんに味わってきた。だから、今日まで私は、こういう肉体的な苦痛を与えるような力の行使を控えてきた。初めて次の段階へのひとつの

動機づけとしてやってみたのだ。

この子に対して、こういう肉体的な苦痛（＝柔軟体操は自らの痛みに耐えなくてはならない）を要求するとき、私はひどく緊張する。

十月七日

今気づいてみると、最近は首振りのチックが全く見られない。いつのまにか安定してきたのだと思う。本当にこの一ヶ月での変化は目覚ましい。今後は実力をつけること。

十月十日

洋君とKが、帰りの会に追いかけっこをしている。洋君も初めて遊び相手ができたという感じ。

Kに、そろそろ過去のことを聞いてみたくなってきた。

柔軟体操にはそれほどの進展が見られない。体に触れようとするとものすごく嫌がる。そこで、股割りの際に、他の子どもたちと一緒に「せーのーでー、はい！」と掛け声をかけ、おでこの髪の毛が床に一瞬でも付くように努力させた。こういう形で徐々に要求を出していこう。

この子にとっての柔軟運動の意味は何か。痛さを堪えるという点では、虐待と柔軟は似ている。しかし、虐待は他から与えられた苦痛を堪え忍ぶか、そこから逃避するかだ。そうしてしばしば多重人格を生む。柔軟運動は、自ら肉体への痛さを我慢するのだ。ここが本質的に全くちがう。

Kにとってこの柔軟運動は、他の子どもたちとはちがった重要な意味を持っているかもしれない。

十月十四日

今日はやけに「うんち、うんち、うんちうんち」と言い放つ。一分間に何回言うかと思われるくらい、一日中言い続けた。

自分の子どものことを考えてみても、こういう時期というものがあり、発達研究の成果から検討してみる必要があるだろう。

学校・学園という環境に慣れてきて、「幼児がえり」というか幼児期のやり直しをしているとも考えられる。

心の奥を覗かせ始めたK

十月十五日

他校からの参観者が多かった「生活科」の研究授業後、Kは、自分が作った折り鶴を
「これ、あの女の先生にやる」

と言って、教室を出た。

あの女の先生とは、私はてっきり指導主事の先生かと思って、講師控え室に連れて行った。

Kは、ちょっと覗いて即座に「ちがう」と言い、参加者控え室へ。たくさんの先生方の中から、「あっ、あの人」と向かって行ったのが、藤本さんのところだった。藤本さんは、隣町の小学校の先生だった。もちろん、Kは今日初めて会った人だ。

以前、学園の先生の名前を忘れたとき、「ほら、あのかわいい先生、なんて言ったたっけ?」と言っていたことがあった。

藤本さん、この人も確かにきれいなかわいい感じの方。Kから突然折り紙を渡されて

少し驚かれたようだったが、にこにこして受け取って下さった。

私は咄嗟に、藤本さんが、Kの亡くなった実母に似ているのではないかと想像した。

「どうして、あの人に渡したの?」

「う……ん、渡したくなった……」

「誰かに似ていたの?」

(このとき私は、「お母さんに似ていたの?」とは聞けなかった。)

Kは、聞き取れないような小さな声で「うん」とだけ答えた。きっと母親にちがいない、と私は思った。

だが待てよ、Kの実母は記憶にないほど幼い頃に亡くなってしまったはずだ……。

十月二十九日

算数でかけ算をやり始めた。思わず「賢い!」と、言わずにはおられないようなことがあった。第一、今日は四十分以上集中してひとりで学習に取り組んだ。

4dℓが三つで、4dℓ×3=12dℓ。それは4+4+4と同じだと理解すればよい。Kはここがなかなかわからない。

「えんぴつ6本入った箱が3つで?」という問題を、6×1とやってしまう。「9dℓのバケツが2杯で?」というときは9×〇＝18といったヒントを与えてもわからない。

しかし、6×1とやった理由はよい。「4dℓがというところの4を6って変えると……」というように、既習事項に当てはめて考えたというのだ。既習事項の置き換え(＝適用)によって、新奇の内容を理解していこうとする、算数的なものの考え方はできている。

そして今日、放課後忘れ物を取りに教室に戻って来たK本人から、初めてKの生い立ちを聞いたのだった。

先日の日記に、たった一行であるが母のことがあったので水を向けてみた。

「お母さんは怖かったって言ってたよね」今まで二ヶ月、何度こう聞いてみたい誘惑に駆られたことか。

「ううん、そんなことないよ」

と、ぽつりと応えた。

「でも、何かで叩かれたって言っていたじゃない」

「うん、これねえ(と右手の中指)太くなってるら、これ桶でねバンってやられた。

それと、掃除機で頭殴られた」

「他にもやられたの？」

「キックとか……。でも、一番怖かったのはそのふたつ」

給食のとき、Kが他の子どもたちと話していたのを思い出した私は、生い立ちのことについても聞いてみた。

「大阪で生まれたって言ってたよね？」

「ううん、名古屋だよ。おれのお母さん、おれを産んですぐ死んじゃって、その後、おばあちゃんとかに育てられていたんだけど、お父さんが仲良しになった女の人がいて、その人がお母さんになった。それで、今のお母さん（継母）は、この前生まれた赤ちゃんのお母さんで（二人目のお母さんとは）ちがう。おれとお父さんは、仲間外れって言うかちがう」

Kの家族は、父、姉・兄（異母兄弟らしい）、継母とその子（弟）、本人。なんという過去を背負っているのであろうか。私は、この事実をどう引き受けどう付き合っていけばよいのだろうか、しかも教師として。

Kと出会い、児童虐待について自分なりに調べたり本も読んでみたりした。

トリイ・ヘイデン著『シーラという子』と『タイガーと呼ばれた子』からは大きな刺激を受けた。『現代用語の基礎知識』からは、アメリカでの虐待に関する実情や、日本でも近年増加していること、しかし研究はまったく立ち遅れているという事実も知ることができた。「多重人格」の原因の八割以上が、幼児期における虐待であるとのテレビ番組も観た。

だが知ったからと言って、私はKにいったい何ができるというのか。彼の人生の一部に、今私が参加しているというこの重み。

＊

田村の数ヶ月に亘る日記を紹介してきた。私たちはこの日記の中から、担任教師田村が、Kの転入以来、どのような戸惑いの中で試行錯誤を積み重ねてきたかを読みとることができるだろう。また、虐待された経験を持つ少年Kが、ときどき垣間見せた心の闇、そこに微かに光るものを見い出すこともできただろう。

二年生の途中にKが転入して来てからの日々は、田村にとっても一日一日がドラマの連続だった。

児童虐待に関する事件などがマスコミで取り上げられることは、ここ数年間で急激に増えつつあり、私たちメディアの受け手にとっては「またか」という次元に落ち着きつつある。

警視庁の調査によれば、実父母による虐待は継母などよりも遥かに多い。実父母が折檻・虐待によって我が子を死に至らしめるという最悪のケースも、めずらしいことではなくなってしまったのである。

Kの場合は継母による虐待だった。近所からの通報で児童相談所に保護され、今の養護施設で暮らすようになったのである。

田村が勤務する小学校には、隣接するように建つ児童養護施設「しなのき学園」から通学してくる子どもたちが多い。全児童の七割にのぼった。「しなのき学園付属小学校」などと囁く声も聞かれたほどだった。

学園に暮らす子どもたちは、保護されるに値する様々な事情を背負っていた。親の犯罪行為、養育放棄、心身障害や経済状況に起因する養育困難など、保護され入所する理由は様々である。こうした中で急激に増えてきていたのが虐待による保護・入所であった。虐待と一口に言っても、後に詳しく述べるようにその実態は様々である。虐待というとまず私たちは、身体に対する暴力を思い浮かべるが、こうした身体的虐待ばかりでなく、養育の放棄などのネグレクト、兄弟と比べては嫌味をねちねちと言い続ける類の心理的な虐待、そして性的な虐待の四様に大別されている。そうした意味からすれば、学園に暮らす子どもたちのほとんどが、虐待された経験を持っていると言っても過言ではないのである。

ところで、児童虐待に関するマスコミ等での取り上げられ方のほとんどは、虐待の防止であり虐待の早期発見である。これは、当然のことだ。まずはそのことが優先されるべきだ。しかし、保護された後の処遇・対処・対応については、取り上げられていない。当然ながら、児童相談所に保護された時点をもって、すべてが解決されているのではない。実はその後のケアが如何に困難を極めるものであるのかは、知られていないのである。

虐待を受けていた子どもが児童相談所に保護されると、一定の期間をおいて児童養護施設に送致され、いずれ近くの学校に通うことになる。本当に難しいのは、そこからなのだ。

保護された子どもたちが、その後施設と学校の生活の中でどう癒され人間として自立していくのか、知る機会はあまりに少ない。学校教育現場に二十年間いる田村にしても、そういう類の教育実践報告に接したことがなかった。

その理由は、恐らく二つだろう。

一つは、教員の異動に因る。田村の勤めるS県では、教員は比較的短い年数で転任して行く場合が多いため、そうした子どもに出会っても、(「二・三年がまんして転任して行けばよい」と高を括っているとまでは言わないが)数年間だけの勤務では何も先が見えない。そのまま転任していかざるを得ない。その間に、実践を公にしている精神的な余裕も時間的な余裕もない。

二つ目の理由としては、プライバシー保護の問題であろう。こういう子どもたちは、親の元にそのまま置くのは望ましくない、という理由で強制的に親から引き離されて保護される場合が多い。引き離された親の中には、あらゆる手段を講じて我が子の居場所を探し出し連れ戻そうと躍起になる者もいる。偽名を使って電話でそっと呼び出し、夜間他県に連れて行ってしまったという例もあったくらいである。

たとえ虐待していても我が子が可愛い。虐待するような親というのは、実は親自身がひとりの大人として自立できていないために、自分が寄り添いもたれかかり、まるで自分の持物のように可愛がることのできる存在を欲しがっている。虐待する親の言い分からすれば、暴力も躾の一種であったり、躾は親の務めだから子どもをちゃんと育てるためには体罰を伴う厳しさも仕方がないと考えたりしているのである。虐待しながらも、可愛いと思っているような親もいるのだ。こうした親の側の感覚からすると、可愛いがゆえに虐待までもしてしまう、そう思い込んでいるのだ。

また、働き手として我が子を欲しがる親もいる。多くは、水商売だろう。一刻も早く商売を手伝って欲しい。女の子の働き手が欲しい。だから、養護施設になど入れておくのは時間の無駄なのだ。「わかりました。もう金輪際虐待なんてしませんから、どうぞ養護施設を卒園させて下さい」と園長に泣きついてきた母親が、のちに消息を確かめてみると、結局は一緒のスナックで娘を働かせていたというような例はめずらしくはないのである。

このように施設から子どもを取り戻そうと躍起になっている親は跡を断たない。

田村たち学校職員も、名前はおろか写真さえも外部に対して公開することは差し控えてプライバシーの保護に努めている。そうしたわけで、田村の学校では、学校紹介のホームページ公開も見合わせているという。当然、教育実践記録の発表の際にも個人名施設名はもちろんのこと、施設所在地電話番号等から個人が特定されることのないように心がけている。また、児童養護施設が公開しているインターネット・サイトを見ていただければわかるように、掲載されているスナップ写真等は、画素数が相当荒く設定されていたりマスキングが施されたりしている。これも、同様の理由に因るものだ。

こうして、養護施設から通学して来る子どもたちが、学校生活の中でいったいどのような困難を背負いながら生きているのかという実態は、見えにくくなってしまっているのである。

第二章　田村が語る三大事件

田村はこの子どもたちと別れ、他校への転任が目前に迫ったある日、Kとのことを語りつくすように私に話した。

そうしなければ、五年間を共に生きた子どもたちとは別れることができないのだと感じているらしかった。そうやって清算しないかぎり、他の学校に転任することができないような気がする、と。

五年間はそれほどまでに、あまりに深く刻み込まれた日々だった。その長さの故ではなく、意味において。

田村が語る話を、私は「絆」という言葉をキーにして紡ぎ直そうと思う。

児童養護施設に暮らす子どもたちは、人間関係の遮断を、あるいは絆を断ち切られることを、人生の幼い日々に体験しているからだ。人間の関係を、突然に絶ち切られることの過酷さ。その最悪の事例を、私たちはKの中に見る。

田村が、まず語ってくれたのは、人間のルーツに関わる問題だった。

事件1　これがお母さん？

四年生の七月、小さな事件が起きました。スイカ割り事件です。

この小さな事件がやがて、Kの母親探しへと発展していったのです。

学校のすぐ脇に、広い畑がありました。それぞれの学級が子どもたちの希望を入れながら、思い思いに野菜や果物を作っていました。

ジャガイモやサツマイモといった類、あるいはトウモロコシやトマトが多かったが、中でも人気が高かったのはやはりスイカ。

春に一年生が植えたスイカの苗も、もう随分と伸び、畑に広がっていました。畑の何分の一かは、完全にスイカによって占領されてしまったという格好でした。

あろうことか、そのスイカをKたちが蹴散らし投げ散らしたのです。

だんだんと大きくなったと一年生が楽しみにしていたスイカを、Kと二人の六年生が一緒になって、割ったり投げたりして遊ぶという事件が起きたのでした。

私が登校すると、昇降口辺りにいる子どもたちが盛んに何か話していました。職員室でも、もっぱらこの話題でもちきりでした。子どもたちが次々にやって来ては、大事件があったことを口々にしゃべりまくっていました。

「先生先生、大変！　一年生のスイカさあ、だれかがとっちゃったんだって」

「そこらじゅうに、投げ散らしてあるんだってよ」

私は直感した。どうもＫを含む三人ではないか。推測したというよりは、確信したと言ってもよかった。

そこで、「すいかどろぼう」という題名で作文を書かせました。

朝教室に入るや否や、

「さあ、いいですか。今日は突然ですが、今からこの題名で作文を書いてもらいます」

黙って原稿用紙を配る。子どもたちは少々怪訝な顔つきでいましたが、Ｋはあっさり自分がやったと書いたのです。

《ぼくは、一回とった。それで、そのすいかのなかみとかとったりした。それであそんだ。いけない。どうしてやったんだろう。どうしてそんないけないことを、したんだろう。いけなかった。》

この作文を読んだ私は、Ｋを叱らなかった。なぜか、叱れなかったのです。

そして、Kの心の貧しさを思いました。二人の六年生にしたってそうです。三人とも、しなのき学園で生活する子どもたち。親の養育放棄やヤクザな生活のために、保護された子どもたちです。

悪いことと知りながら、休日の時間を持て余したように、彼らがスイカを投げ散らしている姿が目に浮かびました。私は、この子どもたちの心の貧しさを想ったのです。

Kがよく、「休みは暇だあ」と呟いていたのも思い出しました。休日に家族で出かける楽しさを、殆ど味わったことのない彼ら。

一年生が「もうすぐ食べられるぞ」と楽しみにしていたスイカを蹴散らしてみる。そんなことをしたって何が面白かろう。つかの間の笑い声の内に、うっすらと自嘲の思いが宿っていることを、自分自身で気づくことができないのです。

ひきつったよう顔つきで戯れ合う子どもたちの姿を想像してしまい、真正面からKを叱ることができませんでした。そして、一年生の子どもたちがどれほど悲しがっているか、それだけを知らせるに留めたのです。

Kには、家族との絆がない。

それから暫くして、作文の時間に、Kは初めて、それこそ初めて母のことを書きました。母に関する自分の想いを赤裸々に綴ったのは、二年目にして初めてのことでした。

作文『悲しかったこと』

おかあさんが、なくなった。

ぼくが、赤ちゃんのときになくなった。

悲しい。

そのはなしは、お父さんに聞いた。

まだ、写真でしか顔を見たことがない、といっても、ほんとうに、おかあさんの写真かわかんないけど。

ところでおかあさんのなまえは、さいしょは、たぶん写真にうつってたから見たんだけど、田中なんだろう。たぶん、いいなまえだろうな――。

Kが、自己のアイデンティティを確立するのは難しいと思います。自分がどこから来たのかを知らないからです。

写真はあるが、母の顔の記憶はない。母親は、結婚前はどこに住んでいて何という苗字だったのか、写真でこの人がそうだよと教えてくれる人もいない。コしなのき学園からの情報では、Kの実母は韓国人とのことでした。なるほどKは、コリアン特有のきりっとした眉と目を持っていて、精悍な顔つきをしています。抜群の手先の器用さも、工作のときなどに大いに発揮。「さすがハーフはちがう」などと、妙に納得していたものです。

この作文の数日後、私はKとふたりでアルバムを見ました。学園に来る際に、父親が手渡したというアルバムには、母親らしい女性の写真が多く貼られていました。

そのアルバムを持って来させて、「どうもこれがKのお母さんだ」と、母親を確定したのです。

「どうもこれが」と「確定」とは矛盾する言葉ですが、私はそうした行為を一度くぐり抜けない限り、Kは一歩も前には進めないのだと、このときは信じていましたから。

Kの中に、どうしても母親像をきちんと確立してやりたかった。

Kに似ている女性が写っていました。結婚前の若い頃のものか。混乱を招いたのは、ときどき、少し似た、多分妹と思しき女性と写っているものが何枚かあったことです。

この人は明らかに妊婦と見えた。叔母と思しきこの人を見ると、お腹の中にいるのはK

ではないかなどという想像も生まれてしまい、大変に紛らわしかったのです。

多分日本ではない場所（韓国か）、草木もない殺風景な土地に、オベリスク風の記念碑らしきもの。それを背景に一人の女性が立っている写真。顔は、Kと大変によく似ている。しかし、別の写真でKらしい赤ちゃんとプールで遊んでいる女性は、髪が随分と薄かった。名古屋の市民プールでの様子でしょうか。極端に髪が薄いのは、抗がん剤のためと思われました。この暫く後、Kの母親は癌で亡くなったと聞いています。

アルバムの頁のあっちをめくり、またこっちをめくり、何度も何度も顔を見比べていきました。理科室から、虫眼鏡まで借りてきました。

オベリスクを背にした女性と、プールで赤ちゃんと遊ぶ女性の顔つきは、よくよく見ると、Kとあまりにも似ている。

そこで遂に、

「この人がお母さんだ！」

と、私とKと、ふたりでKの母親を確定しました。

しかし、私はこのとき、なんとも言えない不自然な感じがしました。母親はこの人だと、会ったことのないふたりが決めるという違和感。

確定した後、Ｋは画用紙に、写真を見ながらお母さんの絵を描きました。細かくそっくりに心を込めて。Ｋはその母の左肩に、少し細めの字で「お母さん」と書き入れました。自信に溢れた字体であるはずはありませんでした。

本来、母親はそのようにして決めるものではないはずです。そこには、肌のぬくもりや匂いにつながる、実際の母親の記憶は皆無なのです。

あの十月十五日の出来事も浮かんできました。かわいい女の先生に、プレゼントを渡したいと言った、あの日のことが……。

私は後になって、母親の確定というこの行為は、やるべきではなかったと気づきました。それはかえって、Ｋに対して残酷なことだったのだと。

人間は根無し草じゃだめなんだ、それじゃあ成長の根本が座らない。自分はこの人から生まれたのだというしっかりしたものが持ててこそ、Ｋは成長していくことができるのだ。その頃の私には、そのような、いわば教育的信念がありました。

しかしそれは、教育的という名を借りた不遜な行為であったような気がします。私たち教師は、よくこうした過ちを犯してしまいます。教育的良心というオブラートで包んだ過ちを。

Kの母親を写真から確定するという行為に、たとえ担任といえども、参加するべきではない。教育という名の下に行ってしまった、その感覚こそ問題なのだ、と今の私は思います。

人間の尊厳と魂に関わるこうした行為が、「子どものため」という美辞のもとに淡々となされるのなら、それは不遜と言わざるを得ないでしょう。

この感覚は、教育という美名の下に、教え子たちを戦場へと送り込んでいった軍国主義教育の有様とつながっています。

母親像とは、人間のもっとも深い根源的なところとつながっているにちがいない。それは、人間の五感のうちでも、視覚よりも深い臭覚、つまり匂いの記憶と深く結びついているように思えてしかたがありません。そのことを象徴するような出来事がありました。

学級にいるもうひとりの学園児童M郎君。実は彼も虐待を受けて育った子どもです。八歳まで学校に就学させてもらえず、母親に連れまわされていて保護された子どもです。その彼が、あるときはっとすることを言ったのです。

全校の子どもたちに桜湯が振舞われたときのことです。桜湯というのは、花が盛んな頃に摘花して塩漬けにされたものを、湯に浮かべて頂くというもの。桜の花の香りが立ってなんとも美味しい。全校児童三十名余りという小さな学校ならではのことです。用務員のおばさんが、毎年桜を摘み採っては塩漬けしておき、全校の子どもたちに振舞ってくれるのです。ひと口飲んで、「どんな感じかな?」と聞かれたM郎君は、「高橋先生の匂いに似ている」とつぶやいたのです。

学園の高橋先生は、M郎君が四年生の頃担当して下さった若い女の先生です。M郎兄弟を心から愛して下さった。一緒にお風呂に入ったり添い寝をしたり、夏休みには自分の実家に連れて行って何泊もさせて下さったほどです。いつも明るい笑顔を絶やさず、学園職員がまるで天職と思われるような方でした。

ところが、五年生になると同時に学園職員の大規模な配置換えがあり、高橋先生は幼児組担当に替わってしまいました。

M郎君はそれから三ヶ月間、まるで糸の切れた凧のようになってしまったのです。

ある日、何千円も入った集金袋をどこかへやってしまいました。学園で渡された集金袋から、お金を抜き取って盗んだのでしょうか。その後の彼の言動を見ていると、そのお金で何か買ったような形跡はありませんし、お金はいったいどこへ行ってしまったのか、今もってよくわかりません。本人にいくら聞いても、「よくわからん」と答えるばかりで、どうも嘘を言っているような素振りはない。もうそれ以上追及してもどうしようもない、ということで、今回は不問に付すことにしました。

さらに、日記には奇妙な内容のものが増えました。こんな内容です。

「きのう学園の近くに頭がボサボサの黒い服の変な男が歩いていた。ぼくはびっくりしました。にげてもついてきてあせりました……」

数行だけしかないその文章の横には、髪が逆立った男の絵が小さく描かれてありました。現実にそんなことがあるはずもありません。しかし、どういうことか問いただしてもみましたが、真顔で話すのです。

「ほんと焦ったたに、髪の毛ぼうぼうでさあ……」

こんなことも言い出しました、

「昨日さ、学校から帰って学園の玄関に入ったとき、電話が鳴ったんだよね。そしたらさ、その電話多分お母さんからだと思うけど（これはM郎の思い込みだったことがあとからわかるのですが）、なんか男の声が聞こえてさ、その電話に出ちゃだめだって言うんだ。僕ぶるっとしちゃって、電話には出んかったけどね」

心から慕っていた先生との人間関係が突然遮断されたことに対抗して、彼の精神は現実から逃避してしまったのではないでしょうか。

私はこの当時から、こうした彼の言動をＰＴＳＤの一種だと考えていました。所謂トラウマです。（※ＰＴＳＤ〝Post-traumatic Stress Disorder〟の略称。日本語訳としては、「心的外傷後ストレス障害」）そして数年後に、この予想は的中してしまいました。

Ｍ郎兄弟を就学させずに連れ回していた母親が、内縁の夫と包丁を振り回すような喧嘩をしていたことを、Ｍ郎君は度々話しました。休み時間などに、近寄って来たなと思うと、いきなり何の脈絡もなくこんなふうに言うのです。

「先生、お母さんとその人が喧嘩しててね、それでびっくりしちゃった。台所から包丁持って来てさ、刺そうとしたんだに。僕たち、押入れでぶるぶる震えちゃってさ、怖くておしっこちびっちゃったんだよ」

彼ら兄弟の心に深く刻印された、強烈な体験の記憶。心的外傷。

やがて中学生となった彼は、自分の肉体の成長とダメージを受けた脳とのバランスを崩した。第二次性徴期を迎えた彼の脳を、新たなホルモンのシャワーが襲ったにちがいないのです。

「先生大変だ。だれかがおれの部屋の窓ガラスぶち割った」と、学園の担当職員を呼びに来た。

行ってみると、他には誰もいなかった。部屋中に割れて飛び散った窓ガラス。他の子どもたちにも確かめながら話を辿っていくと、どうもそれはM郎君自身の仕業のようでした。彼にはやった覚えがまったくなかった。

病院の医師から、遂に分裂症という診断が下されました。そしてM郎君は、特別療護院へ送致されました。弟は、中学校で不登校となり、自閉症の診断が下りました。中学卒業後は、養護学校へ進学しました。

そんなM郎君の中に、高橋先生は桜湯の仄かな香りに連なって生きていたのです。桜湯は、高橋先生の匂いに似ている。M郎君の中で、自分にもっとも近しい存在は、匂いとなって存在していたのです。

このように、母親の存在を、私たちはぬくもりや感触（皮膚感覚）や匂い（臭覚）という形で記憶しているのではないでしょうか。心の刻印です。しかしKにはそのぬくもりや匂いはおろか、視覚的な記憶もないのです。あるのは写真から類推した実母、虐待を繰り返した継母、虐待に気づきながら止めることのできないままでいたひ弱な父親。

事件2　エコマーク切り取り事件

五年生の十月初め。

私は、朝学校へ着いて、職員玄関へと続く道を歩いて行きました。すると、Kが待ち構えていたように近づいて来たのです。

「先生、見てこれ」

彼は、小さく角張って切り取られた厚手の紙片を差し出しました。

ティッシュペーパーの箱から切り取ったエコマークを見せながら、

「先生、おれねエコマーク見つけて持って来たよ」

「へえ、すごいね。これ勉強したのは、確か四年生のときだよね。社会で勉強したことちゃんと覚えていて、わざわざ持って来たなんて、すごいよ」

「うん、学園のね、担当の先生が持っていた箱に付いているの見つけたから、箱もらって切り取って来た」

「K君、すごい」

私は実に嬉しかったのです。

しかし後で思えば、このとき気づくべきだった。少なくとも疑問を抱くべきだった。エコマークについて、最近の授業の中で話題になっていたわけでもなんでもない。それなのに、なぜ一年も前に学習したことを思い出したのか。

過去の記憶と突然なんの脈絡もなくつながるという、こうした奇妙な行動は、そう言えばときどきあるようにも思えます。ただし、具体的なエピソードを思い描こうとすると、どうもうまくいかないのですが。

いずれにせよ、このとき私は嬉しかった。Kがこんなふうに、学習の課題に食いついててくるなんて、滅多にないことですから。しかも、ずっと以前に学習した内容を覚えていて、関心を持ち続いていたとはすごいとしか言いようがありません。

そんなふうに思えて、うきうきした気分で職員玄関に向かいました。

だが、真相はまったくちがっていました。

このすぐ後、私が教室に行くと、大輔君が近づいて来て言いました。

「先生、おれが持って来たティッシュの箱、切り取られているよ。ロッカーの所に置いといたんだけど……誰が切ったのかなあ?」

Kの言ったことは、真っ赤な嘘だったのです。

実は朝早く登校したKが、大輔君のロッカーに置いてあったティッシュの箱からエコマークを切り取り、それを学園から持って来たと偽っていたのです。

「えっ、何？」と近づいて来た級友達が、切り口に合わせてみようと、Kの手からその紙片を取り上げました。Kも不思議なことに、大して抵抗もしません。大輔君が取り上げ、合わせてみました。

「ほら、ぴったりじゃん」

「ううん、学園から持って来たんだもん」

続いて、澄子ちゃんが切り口を合わせてみた。

「何言ってるの、これぴったりだよ。ちがうじゃん」

「ううん、ホントだって。学園から持って来たんだって」

不思議なことに、Kの嘘を見破っているのに、言い争いにはなりません。彼らはこんなふうに、お互いに半分笑いながらやりとりしていました。

Kはばればれの嘘を半分笑いながら主張し、大輔君や澄子ちゃんも嘘だと見抜いていながら大して怒るふうもなく、「ほら、何言ってるの」と嗜めながら。

この子たちは、許し合いながら、まるでお笑い番組のコントのように振舞っていたのです。

五人の子どもたちは、いつの間にかKの嘘さえも許し合えるような関係を築いてしまったのでしょうか。私はそんなふうに感じました。辺りに爽やかな空気が流れていました。Kは、もう許されていました。

それにしても、Kはなぜそんなことをしてしまったのでしょう。エコマークそのものに興味があったためとは、どうしても思えません。担任の私が気に入りそうなこと喜びそうなことを、知っていてやったということなのでしょうか。私には、こうしたKの思いつき行動とも思える行為の裏側に秘められた理由を、言い当てることができません。

彼の中でいつの間にか、偽りが実感へと擦り替えられています。

ところで、あれから一年。六年生になった今。Kには「さすが」と思わされることが多くあります。

つい先日も木工作品を制作しながら、ぽろっとこんなことを言いました。

「先生、さすがってよくおれに言うね。でも、さすがって二種類あるんだよなあ。さすがいいってのと、さすがにだめってのと……やっぱり後のほうが絶対多いな」

抜群の音感とボーイソプラノで聞かせてくれる歌声はさすが。音楽会では、私のギター伴奏で「赤い花白い花」を独唱しました。「赤い花摘んで、あの人にあげよ。白い花摘んで、あの人にあげよ。……」と歌ったK。Kの中に「あの人」というイメージはあるのでしょうか。イメージがあったとすれば、それはかなしいことだし、イメージが持てないということもまたかなしいことだ。私は、Kの健気さを想いながら伴奏していました。

さすが、はまだあります。僅か数ミリの大きさの鶴を折ったり、細部まで鋸を使いこなして、木工作品を仕上げたりする抜群の器用さ。校内のマラソン大会では、毎年断トツ一位で負け知らず。

しかしです。算数の授業となるとまるっきりだらけてしまうし、日記は内容も字も最悪。そのあたりもさすがK。やってこない宿題ややってない仕事についての言い訳ぶりと言ったら、それこそ大人顔負けの理路整然としたものです。誰もが「なるほど、それなら無理はない」と思わされてしまうほどのさすが。後日、学園の担当職員と事情をすり合わせてみると、そんな事情は嘘八百だとわかるのです。が、もう後の祭。してやられました。何日も経ってしまってからでは、私の中のちょっとした怒りも、すっかりしぼんでしまっています。Kに言うと、「へへへ、ばれたか」で終わってしまうのです。

私は、そんなKのことをまったく憎めない。Kのことをあんなにも掴まえようとして失敗を繰り返してきた自分を、可笑しくさえ思えます。後ろからその肩を掴まえようとしても、Kは決まってするりと身をかわしていく。そのくせ急にべたっと擦り寄って来たりする。

こちらが掴まえようとすればあちらが身をかわし、こちらにその気がないときに限って擦り寄って来る。

私は、そんなKとのやりとりを、いつの間にか心のどこかで楽しんでさえいる自分に気づいていました。

事件3　閉じ込められる恐怖

Kは、水泳の頃がいつも危ない。

思い返してみると、毎年決まって水泳の頃に大事件が起こっていました。

最初は、五年生の夏。更衣室のドアに体当たりして、蝶番（ちょうつがい）ごとぶち壊してしまったという事件です。

五人の子どもたちは、プールから少し離れた更衣室で水着に着替え、おしゃべりしたり追いかけっこしたりしながら、我先にとプールに来ます。

しかし、この日はちがっていました。どうも来るのが遅かった。いつもなら、一分でも早く水に入りたいと走って来たものです。それが、もう授業が始まって五分以上経っている。漸く姿を見せた五人の子どもたちは、なぜか横並びに揃って静かに歩いて来た。まるっきり沈黙しているというのではないが、どうもいつもと様子がちがっていました。

直感的に、何かあるなとわかりました。

「あれっ、何かあったんでしょ」と聞くと、リーダー格の澄子が切り出した。

「あのう、K君がね……」と、俯きながら話してくれたのは、Kによる更衣室のドア破壊の様子でした。

すぐ横にいた大輔が口をはさんで、

「ホントはさ、僕がいけないかもしれない。ふざけて……。先に着替えちゃったから、K君ひとり残して、外から鍵締めた」

Kはその丈夫なドアに体当たりを繰り返して、遂には打ち壊してしまったというのです。

私はこの様子を聞いて、言葉を失ってしまいました。

「何っ、……」

「まあ、いい。とにかく更衣室に行こう」

更衣室の随分頑丈そうなそのドアは、三箇所のうち二箇所は蝶番を失ってしまい、一番下の蝶番だけでかろうじて壁に寄りかかるように立っていました。

上二つの蝶番は、灰色にペンキで塗られた壁からもぎとられ、妙に新鮮な色の木屑をまとわり付かせたネジ釘が、頼りなげに穴に留まってぶら下がっているだけでした。

壁にもたれて頼りなげに立っていたあのドアが、奇妙なことに、今でもはっきりと目に焼きついています。

更衣室にひとりだけ残されたKは、パニックになったのです。あの引き攣ったような表情で、何度も何度もドアに体当たりを繰り返したにちがいありません。顔を真っ赤にしながら、引き攣った表情で、体当たりを繰り返すK。小柄なKがあのドアを打ち破るには、いったい何回体当たりを繰り返したのだろうか。そうして、すりガラスの付いた灰色の重たいドアは、遂に蝶番もろとも打ち破られた。

私は、そんなKの姿を思い浮かべながら、立ちすくんでいました。そしてだんだんと何かが込み上げてきて、どうしてもそれを抑えきれずに遂に怒鳴った。五人全員を激しく叱りつけました。しかし、閉じ込めたことも、体当たりしたことも、責めはしなかった。

「どうして、黙ってごまかそうとしたんだ。ドアを壊したのは確かにK君だけだけど、他の四人もいけないことをしたなと思ったんでしょう。だから、黙っていた。そんなに困ったのなら、早く言わなくちゃだめじゃないか」

幸い次の日、大工仕事の得意な教頭が、何もなかったかのように見事に直してくれました。すぐに元のとおりになっていました。

第二の閉め出し事件は、六年生の七月十八日。

更衣室での出来事によく似た事件でした。

この日は、厚さ五ミリはあろうかというガラスの戸を、手で打ち割ってしまったのです。怪我がなかったことは、まったく幸いというほかありませんでした。

Kの日記

今日は、算数が、一問もできなくて、おこっていたのもあったので、ずっとイライラしてたのでいけなかった。それで、事件がおこった。ゴハンをもって、セミのぬけがらを、見に行こうとして、外の板の上にのっていたら、大輔君が、いきなりしめてきた（戸を）。ふつうなら、かんがえられる事なのに、やってしまった。ガラスを力いっぱいがんがんやってたら、ガシャーンて、ガラスがわれた。きょう頭先生にあやまった。M郎君と、澄子ちゃんと春彦君も、かたずけるのてつだってくれた。ありがとう。みんなは手伝ってって言ってないのに手伝ってくれた。うれしかった。ぼくは、とじこめられると、自分が、なにしているかわからなくなる。だから、まず、自分はどうしたらいいのか、考えて、こうどうしたい、こういうときは。

大輔君の日記

今日、給食の時、K君が外（ベランダ）にいてなにかしていた。その時、僕は、その戸を閉めてカギをかけた。すぐにカギを開けるつもりだったけど、それより先にK君が窓を割ってしまった。春彦君とM郎君と澄子ちゃんが手伝ってくれた。ガラスがかたずいた。先生に、「K君について、どんな思いがあったのか考えろ」と言われた。家で、お父さんに相談した。僕はその日、朝のすもう練習で負けたし、水泳でもかなわなかった。それに、自分でK君に悪口を言っといて、それで言い返されて、それでむかついていた。そんなの最低だ。スポーツに勝てないで、悪口言って言い返されてむかついて、そんな事でK君を閉じこめてる。今まで何回こんな事しただろう。お父さんに、「スポーツで負けてんのはお前が努力してないだけじゃないか。努力しないで負けてくやしくなってちゃバカだぞ」と言われた。僕は、人のすぐれてる所をほめないんだ。自分の悪口を言われて、自分が悪いくせにおこってる。あと、M郎君と春彦君と澄子ちゃんにガラスの片づけのお礼を言ってない。K君にあやまってもない。明日ちゃんと言わなきゃ。K君に限らず、みんなの良い所をくやしがるんじゃなくて、そこをほめよう。そういうふうにすれば、もう二度とこういう事は起こらない。

私はガラスを割った直後、ふたりを猛烈に怒りました。昨年の更衣室ドアの破壊事件が思い出されたからです。

大輔君がドアの鍵をかけて締め出したという状況は、あまりにも似通っています。水泳の頃という状況も。

しかし、事件としては似ていても、子どもたちの内面や関係は変わっていました。変わっていたのはKではなく、周囲の子どもたちでした。その場から逃げることなく、後始末を積極的に手伝ってくれました。この成長は実に嬉しいものでした。

Kはまた閉め出された。「閉め出される」と、恐怖にとりつかれたように引き攣った表情になり、ある種のパニック状態になってしまうのです。

落ち着いてから書いた作文の中で、Kは書いています。

「ぼくは、とじこめられると、自分が、なにしているかわからなくなる。だから、まず、自分はどうしたらいいのか、考えて、こうどうしたい、こういうときは」

だが、反省文に書いているからといって、本当に自己の振り返りができているかどうか、疑わしいのです。

実は、このように自分を冷静に振り返ったかのように書けているのは、本人が自分から気づいたことではないと考えられます。私がそういう内容を叩き込みたくて、何度も繰り返し、怒ったり話したりしたからにちがいないのです。

私は、怒りながら叫びながら、強い願いを持っていた。パニック状態になったとき、自分が行っている言動に少しでも意識を向けてほしいと。それを聞いて書いているわけですから、自分の中から湧き上がってきた反省ではなくて、注入された反省です。

Kに自覚的な反省を促すこと、反省を誘導することは、至難だと思ってしまいます。正直どうしたらよいか、はっきりとわかりません。私に、催眠療法か何かできればいいのですが。こうした思いは、学校職員にしても学園職員にしても、共通に持っているものでしょう。だからと言って、すべては虚しい、というわけではありません。

今言っているこのお小言だけで、目の前にいるこの子が変わるなどということはないだろう。お小言を言うことだけで子どもが変わるのなら、そんな楽なことはない。そんな「魔法の言葉」なんてありません。それでも、お小言はお小言として言う。虚しいわけでも諦めでもありません。それでいいのです。

虐待を受けていた子どもと付き合っていくことは、ストレスを溜め込むことです。こちらが口で注意したら「はい、わかりました。今度からもうしません」と言って、本当にしなくなるような簡単なレベルのことじゃないんだと、心底わかっていますから。わかっていても、繰り返していなくてはなりません。

この事件の日、しばらく時間が経ってからのこと。

「あなたは前に話していたけど、家にいてお母さんに怒られたとき、倉庫に閉じ込められたことがあったと言ってたよね。そういうとき、あなたは今日みたいに暴れたの？」

「ううん、静かにしてた」

「そういうとき、お父さんは助けてくれなかったの」

「父ちゃんやさしいよ、おれに飴くれた」

「だって、普通は助けてくれるんじゃないの。どうして助けてくれなかったのかな」

私は内心、彼の父親の弱さに憤りを感じながら聞いてみたのです。すると、

「静かにしてないと、お継母さんがもっと怒っちゃうからって言って、飴くれた」

なんとやさしい父親なんでしょう。Kは飴をなめながら、母親の気が静まるのを待っていたのでしょう。真っ暗なスチール製の倉庫の中で。

その孤独感、その恐怖感。本人が気づかないままに、Kの魂に深く刻み付けられているにちがいないのです。

私は許せない。父親を許すことができない。確かに、父親はやさしい人らしい。しかし結果的には、この弱腰の父親が継母の虐待を誘発しているのです。なぜ身を挺してKを助けることができなかったのか……。

第三章　誘惑としての虐待

しなのき学園の職員たちも田村たち学校職員も、大人は、よくKの「虐待の再現傾向」につかまってしまいそうになった。俄かには信じられないかもしれないが、虐待しそうになったのである。虐待への誘惑。虐待で保護された子どもを、暴力を持って再び虐待しそうになるという誘惑である。

被虐待児Kは、田村たち大人の暴力や虐待を誘うのだ。読者にとっては、信じがたいことかもしれないが、それには理由がある。

日常的に虐待を受けて育ってきた子どもたちの生育は、通常の子どもたちのそれとは明らかにちがう。普通は、親たちから愛され、抱っこをされたり頭を撫でられたりしながら、親密な人間関係を築いていく。

しかし、自分をもっとも愛し、自分がもっとも愛している親から虐待されているような場合には、親密な人間関係にはなんと虐待が伴うことを学習してきてしまっているのである。親しい関係には虐待が伴うものなのだと、頭ではなく体の奥のほうで学んできてしまっている。だから誤解を恐れずに言えば、彼らにとっては虐待を伴う生活のほうがより安定できるのである。虐待のない生活は、平和だが不安定に感じる。だから、大人を虐待に誘い込もうとする。学習とは恐ろしいものだ。

田村たちは、こうした傾向をKたちとの日常生活の中で度々経験し、実感として認識することができた。
日本において、子どもの虐待問題にいち早く取り組んできた西澤哲氏（現大阪大学教授）は、次のように指摘している。

《虐待を受けた子どもの攻撃性の高さを説明するもう一つの概念は、親密性と攻撃性の混在である。子どもは自分を最も愛してくれる、また自分が最も親密さを感じる対象である親から攻撃されるわけであるが、こうした関係をある一定期間持ち続けることによって、子どもは、親密な人間関係には攻撃や暴力がつきものだという認知を持つようになるのではないかと思われる。》

（西澤哲『子どもの虐待　子どもと家族への治療的アプローチ』誠信書房より）

なんと恐ろしいことだろうか。愛情のあり方を、こんなにも屈折した形として学んでいるとは。学校の先生や養護施設の職員の感情をわざわざ逆撫でするような態度をとり続け、虐待されたがる。聞こえているのに聞こえぬ振り、片付けなさいと半日気長に言い続けてもまだ片付けないようなとぼけた態度、一番痛い急所や向こう脛を思い切り叩いたり蹴ったりする行為、ちょっとした注意に腹を立てては部屋に立て籠もり部屋中の物を壊しまくるような行為。そういう態度や行為に立ち会って、冷静でいられるような大人はそういない。戸惑い憤慨し怒りを持ち恫喝し殴りつけたくなる。

《こうした「挑発的態度」や「反抗的態度」は、虐待を受けた子どもの特徴であると指摘されている。このように、彼らは関わりを持つ大人にフラストレーションを与え、虐待を誘うような形で大人と関わるのである。つまり、自分が過去に大人と持っていた「虐待的な人間関係」を、現在の大人との人間関係において再現する傾向があるといえる。》（前掲書）

虐待から保護され、安心で安定した生活が施設や学校で保障されるのだが、なんと奇妙なことに、それは彼らにとっては、むしろ居住まいの悪い不安定な生活なのである。

《ここで重要なのは、こうした子どもの傾向とその背景に存在するこれらの機制を充分に理解していなければ、大人は子どもの機制に巻き込まれてしまい、子どもとの関係が虐待的なものとなってしまったり、また場合によっては実際に子どもに虐待を加えてしまう危険性が増すということである。子どもへの治療的もしくは教育的な意図をもって始まった関わりが、子どものこうした傾向をよく理解しないままに子どもの態度や言動に自然に反応していくうちに、子どもへの虐待という最初の意図とは正反対の結果に終わることもめずらしくないのである。》（前掲書）

このようにして、施設内虐待は起こるのだ。インターネットでの検索によれば、児童福祉施設内における児童虐待は、跡を絶たないという。学校であれば、腹を立てた教師が体罰に及ぶということも十分あり得る。虐待から保護し養護すべき施設の中で、虐待経験を持つ子どもたちは、わざわざ虐待を誘うような生活態度を見せる。彼らは、自分が安心安定したいために、虐待の存在する生活をわざわざ作り出そうとするのである。日常の些細な出来事の一つひとつの中に大人に対する誘いかけが潜んでいたのである。学校でも、彼らは同様の行動をとる。

例えば、休み時間が終わっても夢中で遊んでいて、ちっとも次の行動に移ろうとしないため注意をする。注意をするが、まったく聞き入れようとしない。虐待を受けたことのない子どもでも、こういうことはめずらしくはない。特に日常的に小世話を焼かれ過ぎた子どもなどは、大人の注意に対して馬耳東風とばかりに聞き流している。しかし、虐待を経験した子どもは、この傾向が極端なほど著しいのである。再三再四どころではない、何十回注意されてもなかなか止めることができない。最初は穏やかに注意していた教師も、仕舞いにはだんだんと腹が立ってきて怒ってしまう。叱られるまでは止めようとしないのである。まるで、こちらが腹を立てて遂に怒鳴るのを誘っているかのように。

片付けが悪いのでやらせようとすると、何かと言い訳をして結局は生返事のままやろうとしない。

「うん、わかった。すぐやる。でも、ちょっと待って、あと五分経ったらやるから」

「やるやる、これすんだらやるから」

こんなふうに、いつも口ばかりで結局はやらないのである。それはそれは枚挙に暇がないほど、彼らは叱られたがる。

日常の集団生活指導をしなくてはならない児童養護施設の先生方にとっては、いらいらのし通しである。だからこそ、絶えず「虐待の再現傾向」につかまりそうになる。自分との闘いの連続なのだ。

実にイライラする、思わず怒鳴りそうになる、手を挙げたくなる。そして、遂には実際手を挙げてしまったことがある、と正直な学園職員が告白してくれた。

田村たち学校職員も、この「虐待の再現傾向」に捉えられないよう常々心がけていた。Kと出会ってから、田村は、児童虐待に関する著書を努めて読むようにしていた。

教育実践者にとって、実践の中から生の形で学ぶことは数多くある。それは言うまでもないことだろう。しかし、それだけでは限界がある。そうしたいわば経験知だけでは、通用しない事象に絶えず晒されているのが現場だからである。特に児童虐待のように、自分にとってまったく未知の事象については、通用する経験知があろうはずはない。したがって、研究書等によって学習し、そこで得た知識を意識的に活用するよう心がける必要がある。そうした必要性は、ますます増大している。虐待、ADHD、LD、自閉症、薬物問題、ゲーム依存・ネット依存・携帯依存等々。

しかし、日々の実践や雑務に追われやすい教員は、意外に読書をしたりじっくり物事を考えたりする時間が生み出せずにいる。多少言い訳がましくなってしまうが、現場にいる教員の多忙さにも目を向けていただきたい。

教員という仕事には、これでよいというノルマや限界がない。日々の学習指導は本務であり当然であるが、保護者から集金して教材を購入しそれについての収支決算書を作成するような仕事もある。学校内での研究や会議資料の作成にも追われる。さらに、学校以外の教育団体の仕事や地域で果たさなくてはならない役割も背負っている。それら一つひとつには、もうこれでよいという上限がない。教員は、いわば横軸に多種多様な、しかも縦軸にはその上限がない、上下左右に限界のない仕事なのである。

必然、家庭への持ち帰り仕事も多くなる。例えば、学期末に手渡す通知表に関する仕事などは、そのほとんどが自宅で行われているのが現状なのだ。加えて少数の例外は除くとして、大概は性格的にも真面目な人たちだろう。あまり知られてはいないが、教員という仕事が持つこうした特殊性故に、療休の原因には精神疾患が多い。現在では、六割以上の原因が精神疾患なのである。

ところで田村がKに出会った十年前頃、虐待に関する研究は、日本では黎明期にあり専門書は極めて少なかった。

しかしながら、田村は、こうした状況の中でも、研究書を探しては読むよう心がけた。

そのため、虐待への誘惑を察知し、つかまってしまわないように自分をコントロールすることができたという。

田村は今でも思う。

「教師にとって知識は必要だ。教師はともすると自分の今までの経験だけに頼りがちだ。新しい事象に対しては、積極的に新しい知識を身に付ける。その知識によって自分の感情に鎧を着せることができるのだ」

先に紹介した著者西澤氏は、別の著書（以下、西澤哲著『子どものトラウマ』講談社現代新書より）の中でもこの「虐待の再現傾向」に関して、次のように述べている。田村が特に心を止めたという箇所を中心に紹介しておこう。

《虐待によるトラウマを受けた子どもは、虐待的な人間関係を再現しようとする傾向があり、かかわりを持つ大人をそういった関係に巻き込んでしまうからだ。非虐待的な環境を確立するためには、環境内に存在する大人が子どもの再現傾向を理解し、虐待の再現傾向につかまってしまわないようにするところからはじめなければならない。》

まったくそのとおりであった。しかし、理解することとそのように行動できることとの間には、理屈では説明できない溝があった。わかってはいるが、そうは行動できない。こうした子どもたちがわざと挑発的な態度で対してきたとき、いわばエスプリをきかせるような距離感と姿勢でいることができるか。廊下ですれちがいざまに、「てめえ、ばーか」とか「おじーん」などと言ってきたとき、「今日は元気がいいねえ」とか「もうすぐ給食だからね」とか、角度を変えて対応できるようになればいい。しかし、私たち教師は得てしてまともに正面から対してしまうのである。つまり、余裕というものがなく、いつもマトモすぎるのであろう。

《(虐待を受けた)子どもはさまざまな言葉で、あるいは態度や行動で、大人の神経を逆撫でし、怒りを引き出すようなかたちで挑発してくる。例えば、「大人はいつも嘘つきだ」とか「何でもボクのせいにする。どうせボクは悪い子だと思われているんだ」といった言葉を向けてくる。こうした言動にふれたとき、その言葉や行動の意味を、その場での大人と子どものやりとりというコンテクストでとらえるのではなく、その子どものそれまで経てきた人生を含めて、トラウマとなった人間関係の再現性と

いう枠組みから理解することができれば、こうした再現性につかまってしまう危険性は少なくなる。》

厳しい臨床の場をくぐり抜けてきた西澤氏の言葉は重い。私たち教師が真に専門家として子どもたちに対することができるかどうかが、問われている。「その場での大人と子どものやりとりというコンテクストでとらえるのではなく」という指摘は、なるほどそのとおりであろう。日ごろ多くの子どもたちと関わっていると、その場で即応的に熱く接していくことと、その熱情のどこかで必ず涼しく冷えた部分を自分の中につくっておく必要を思う。私はアマチュア・コーラスの指揮もしているが、楽器演奏や指揮は、教師の仕事によく似ていると思うことがある。事前にかなり丁寧な楽譜読みをする。これは、いわば机上での理論的な学習である。演奏するときは、その瞬間その瞬間に自分の熱情を発揮していくのであるが、それと同時にまた自分の内のどこかに冷静な部分も持ち合わせている。そして、演奏や指揮をする自分を同時進行で分析したりコントロールしたりしていくのである。これは、例えば大工が鉋の刃を研ぐような場合でも、まったく同じようなことが言えるように思う。感覚と技能と情熱が一体化するような瞬間を感じながら、仕事をしているにちがいないのである。教育の場合にも、技術の本質はそのあたりにあるように思える。

《少し変な言い方になるが、長いあいだ虐待的な人間関係にさらされてきた子どもにとっては、苦痛を与える虐待的な関係のほうが逆に安心できるものであり、非虐待的な人間関係には強い不安を感じるものなのだ。》

西澤氏はここでも、一般常識からするとまったく奇妙なことを指摘している。意外というほかはない事実ばかりである。《苦痛を与える虐待的な関係のほうが逆に安心できるものであり、非虐待的な人間関係には強い不安を感じるものなのだ。》

この一節は、胸をぐっとつかまれるほど、意外であり強烈だ。つまり、虐待を受けて育った子どもの複雑さは、本人の中でも容易に理解され得ない形で残り続けるということなのだ。田村は迷う、「では、Kが授業中にだらけ切って机にうつ伏せているようなとき、本当は怒ってほしいのだろうか。それとも、そんなふうにだらけ切ってしまっても、何も言わないほうがいいのだろうか」

どんな状況になっても先生は体罰なんかしない、と安心してもらうためには、容認するしかないのだろうか。そういう思いとは裏腹に、自分の中に自然に沸き起こってくる怒りの感情も抑えることができないでいるのだった。

学園職員の池谷さんからは、《苦痛を与える虐待的な関係のほうが逆に安心できる》という事例として、こんな話を聞いた。

ある時廊下を通りかかると、Kともう一人の男の子が、叩き合い蹴り合っていた。ふざけ合っているのか、それとも喧嘩なのか、またその中間のようにも見えた。見ると、ふたりとも顔を真っ赤にして、ひきつった感じの笑顔だったという。そのくせ、叩いたり蹴ったりするときは、手加減するふうもなく、思い切り相手の一番痛がる急所を攻撃している。

Kの相手である男の子というのは、つい先日やはり虐待から保護されて入所して来たのだった。入所して間もなく、まだ新しい環境に慣れていない男の子とKとが、お互いに「僕は虐待されていました」などと自己紹介し合うこともなく、お互いの匂いを嗅ぎつけてふたりで虐待を再現し合い、心の安定を図ろうとしていたのだろうか。

また、時々引き起こす大事件の他にも、毎日のように繰り返されるK独特の言い訳によって、大人はどれほど虐待への誘惑を迫られたことか。

今まで学園でＫの担当になったことのある池谷さんにしろ横井さんにしろ、Ｋのこの再現傾向につかまってしまい、腹を立てた結果何度か叩いてしまったことがあるのだと告白してくれた。

第四章　施設と子どもと学校生活

変化してきた児童養護施設の役割

そもそも養護施設に保護される子どもたちの入所理由（保護される理由と言い換えてもよい）は、数十年間に大きく変化してきている。

先ず文献に拠りながら、養護施設の果たしてきた社会的な役割について概観しておこう。（以下、児童養護研究会編『養護施設と子どもたち』朱鷺書房　を参照のこと）

養護施設は、その時々の社会情勢の映り変わりに沿った役割を担ってきている。戦後の混乱期には、戦災孤児や浮浪児を引き受けて児童福祉に大きく貢献をした。経済成長期には、親の離婚や家出・蒸発で崩壊家庭やひとり親家族からはみ出された子どもたちを援助して、社会的児童養護としての位置づけと社会的役割を果たした。

そして九十年代以降は、対象となる児童数は徐々に減少してきているものの、被虐待児童や不登校児童の増加で、施設養護の実態が質的に変化してきているのである。さらに、家庭における養育機能が弱体化してきたために、養護施設は、家庭の養育を支援する役割をも果たすべきだ、という要請も生まれてきている。

近年、家庭の養育機能の低下と縮小化や親子関係の稀薄化・弱体化が論じられているが、児童の育成に親の存在と家庭養育の重要性を叫ばない人はいない。また、大人としてきちんと人格を確立できないまま親になってしまっているような場合もあり、親自身の社会的不安や情緒的未熟による児童の虐待が増加しているのである。これらの状況を背景として、養護施設において被虐待児童や情緒障害児童を治療することが必要となってきているという。

ところで、先に述べたように子どもの虐待と言われているものは、凡そ四つに分類されるのが一般的である。身体的虐待、ネグレクト、性的虐待、心理的虐待の四つである。ネグレクトとはあまり聞きなれない用語であるが、養育の拒否および放棄を総称したものであり、これには、栄養不良、極端な不潔、学校に登校させない等の放置も含まれている。

しなのき学園への入所理由について、園長に最近の状況を尋ねてみた。それによると、今後は虐待によって保護される子どもたちが増えるだろうとのことだった。

養育放棄等のネグレクトによる保護児童数の増加は勿論だが、性的虐待による子どもの入所の増加も予想される。(性虐待に関しては、最新のものとして、石川瞭子『子どもの性虐待』誠信書房　を参照されたい)。また、不登校や心身的障害による入所も増えるのではないかという。さらに、乳幼児の入所も増えている。

こうした状況変化の結果、施設は喘ぎ始めている。職員ひとりの担当児童数が変化してきた。従来は異年齢の五・六人の子どもたちをひとりの職員が担当するのが、通常の体制であった。これを見直さざるを得なくなったというのである。乳幼児にはどうしても手がかかるのため、職員の人員配置にもシフトがかかる。乳幼児の世話に人手をとられるため、他の職員にどうしてもしわ寄せがいってしまうというのだ。また、交代での夜勤を伴う激務であるため、年齢的には若年層職員が多い。女性職員の比率が高いため、結婚その他による退職者も他の職種に比較して多い。つまり、回転の速い職場なのである。こうした職場では、施設長のような管理職員と若年層職員を仲介できるような年齢層の中堅職員が少ない結果、同僚性を保つことが容易ではない。

養護施設の子どもたち

しなのき学園に暮らす子どもたちが保護された理由は様々だが、一人ひとりが大変複雑な事情を背負っており、ここに書き尽くすことはできない。

親の蒸発、多額の借金や覚せい剤などに絡む犯罪行為による収監、就学させないまま全国各地を連れまわすなどの養育放棄、実父母や養父母等による身体的虐待、離婚による経済的困窮、親の精神疾患等による養育不能、養育放棄による不登校等々。

多くの場合は、それらの理由が複雑に絡まっているのである。

「しなのき学園」の四十名余りの子どもたちは、その一人ひとりが人生の幼い日において実に過酷な体験をしてきている。千差万別、誰もがエピソードに事欠かない。

ここでは、いくつの事例を挙げてみることにする。そのどれもが言葉を失うような内容である。

M子の場合：火への恐れと執着

目の前で母親が焼身自殺をしたという女の子がいた。彼女はおもしろくないことがあると、体育館裏の壁いっぱいに「自殺してやる」と落書きをしていた。何かあると、そういう行動に出るらしい。ステージ袖の屋根裏部屋の壁いっぱいに、彼女の落書きが溢れていた。

そして遂に、音楽室の壁に掲示してある模造紙を全部燃やしてしまうという事件を起こした。

音楽室には、授業に使うために大きな模造紙に歌詞を書いて掲示してある。壁いっぱいに十枚ほど貼られていた。その全部に、マッチで一枚ずつ火をつけていった。一歩間違えば大火災になるところだったが、幸い紙だけが燃え落ちて大事には至らなかった。駆けつけた現場で、田村をはじめとする学校の先生たちは、息を飲んで立ち尽くした。黒い燃えカスが、緑色の絨毯敷きの床に斑模様に広がっていた。

M子は、理科の授業後ひとりで音楽室に行った。手には、理科実験で使ったマッチ箱がひとつ。マッチを擦ってみた。そこまでは覚えていた。だが、その後掲示物に火をつけた辺りの記憶はかなり曖昧だった。

この子は母の焼身自殺を目撃したことによって、火や炎に対するトラウマがあるのではないだろうか。何か面白くないことがあったとき、その気持ちをぶちまけるように火や炎に向かう。その自分の行為に対して、記憶がない点がひどく気になった。恐らくＰＴＳＤと考えて、間違いないだろう。

（※ＰＴＳＤ〝Post-traumatic Stress Disorder〟の略称。日本語訳としては「心的外傷後ストレス障害」）

身体的外傷ではなく、精神的（心的）外傷である。外傷的体験とは、人の対処能力を超えた圧倒的な体験で、その人の心に強い衝撃を与え、その心の働きに永続的、不可逆的な変化を起こすような体験を意味する。そのような圧倒的な衝撃は、普通の記憶とはちがって、単に心理的影響を残すだけではなく、脳に「外傷記憶」を形成し、脳の生化学的な変化を引きおこす。外傷記憶は時がたっても薄れることがなく、その人が意識するしないにかかわらず、一生涯その人の心と行動を直接間接的に支配するという。

外傷記憶を形成するような体験としては、戦争、家庭内の暴力、性的虐待、産業事故、自然災害、犯罪、交通事故など、その人自身や身近な人の生命と身体に脅威となるような出来事を指す。ＰＴＳＤでは、その種の出来事に対して、恐怖、無力感、戦慄などの強い感情的反応を伴い、長い年月を経た後にも、このようなストレスにする特徴的な症状が見られる。例えば、外傷的体験を反復的再体験（フラッシュバック）したり、外傷的体験が再演される悪夢を見たり、実際にその出来事を今現在体験しているかのように行動したりする。虐待の再現傾向とは、まさにこのことである。

M子の放火行為は、トラウマによるものと考えてよいだろう。こうした事象に出会ったとき、教師というのはまったくの無力感に襲われる。「この子の心の闇を癒す力が（自分の）教育にあるのだろうか」と。

M子の心の傷を思うと、先生たちは誰も、この日M子を叱責することはできなかった。

S男の場合：したくなったらどこでもウンチ

小学校二年生のS男の母親は、知的障害を負っていて養育能力がないため、S男は保護され施設送致された。彼もやはり能力は低かったが、大変に人懐こく愛すべき存在だった。だが、担任が悩まされたのは、所謂下の始末についてだった。

時々、体育館脇の犬走りの上に排便していたらしい。他の子どもたちが発見することが多かったが、見に行くとそれは誰の仕業か見事に太いやつがしてあった。あまりに見事なやつで、どうも大人の仕業ではないかと思われた。それにしても、こんなところで誰が……。

しかし、担任の西脇さんだけはＳ男だと直感した。一年生のときから担任していて二年目ともなると、そういう直感が働くらしい。まさか、そのブツを見てわかったというわけではないだろう。学校でも既に何度か粗相をしていた。その度に、トイレ近くの水道で、西脇さんとＳ男が汚したパンツやズボンを洗っている姿を、田村もよく見かけていた。

脳の発達から見て、三歳くらいまでの生育環境はきわめて重要だ。愛情と栄養に満たされた環境の中でこそ、脳が急速に発達する。三つ子の魂百までとは、まさに科学的根拠をもった諺だと言えるだろう。Ｓ男には、幼時期にそうした環境が用意されていなかった。知的障害を負う母による躾の不足、またＳ男自身の知的な能力の低さとによって、したくなったらどこでもウンチをしてしまう。しなのき学園で朝食を取り、学校へ歩き出すと、決まって途中でしたくなってしまう。学園から学校までは百メートルもない。それでもどうしても我慢できない。というより、我慢しようという気持ちがあまりない。したくなったら、体育館脇辺りでやってしまう。ズボンをはいたまましないだけまだましだ、と考えなくてはならないか。

田村は、そういうS男と毎日付き合っている学級担任の西脇さんの苦労を思った。その苦労を愚痴ることもせず、子どもたちと明るく付き合っている西脇さんの姿にも頭が下がった。

Y子の場合：学園始まって以来の才女

施設に暮らす子どもたちは、概して勉強が不得意である。生育歴を考えれば当然のことだろう。学校に通うようになっても、集中して学習に向かうことはかなり難しい。幼い時期にどのくらい能力開発されているかが、その後の人生にとって、如何に重要かということを物語っているとも言えるだろう。

そうした子どもたちの中にあって、Y子は非常にめずらしく優秀な子どもだった。テストでも九十点以上の結果をコンスタントに出していた。古くからいる学園職員に聞いてみても、Y子のような子は例外中の例外らしい。彼女が小学校低学年辺りまでは、両親のもとすくすくと育っていたのではないか。それが、何がきっかけだったかはよくわからないが、両親が麻薬に手を出した。そして、やがては収監。姉妹五人は、保護されて施設での生活が始まった。

Y子には、そうした事情は一切知らされていない。いくら聡明なY子に対しても、あなたの両親は麻薬で捕まって今刑務所に入っているのだよ、などとはとても言える筈もなかった。

施設に暮らす子どもたちは、「家庭の都合で」という共通語を持っていた。みんなどの子も、それぞれの家庭の都合があって、ここで生活している。それをお互い根掘り葉掘り聞かないようにしよう、というのが暗黙の了解事項なのだ。子どもに入所理由を明らかに伝えることができるケースは稀で、皆この共通語の元に一種の連帯意識をもっていたのである。子どもたちに対して、あなたの親は犯罪者なのだと告げることは、誰にもできない。

R姉弟の場合:「先生、○ン○ン舐めてやろうか?」

R子は、三人姉弟の長女だが親の離婚で施設に保護された。小さなアパートに家族みんなで住んでいた頃、日常的に親の性交渉を見せられていたために、親しい関係には必ずそういった肉体的接触が伴うのだと学習したらしい。

赴任して数週間経ち、気心が知れてきた田村に向かって、抱きついてきては、「先生、〇ン〇ン（局所）舐めてやろうか？」などととてつもないことを言ってきた。その妹も弟も同様のことを言ってきた。

こうしたことを突然に言われたときのことを想像していただきたい。どぎまぎし苦笑いするのが、精一杯だろう。田村はどうしたか。

「R子ちゃん、愛してるよ」と返していたのである。

すると、R子は、「ええっ、気持ちわりい」と言って話題を変えたり、「ううん……」と甘い声を出しながら抱きついてきたりした。そんなR子を、田村は、よしよしと頭を撫でてあげた。R子は、それで穏やかになっていた。

R子が田村に向かって投げつけてきた「〇ン〇ン舐めたろか」という強烈なボール。その球種は、ストレートにそのまま言葉の表面的な意味ではなく、実は「先生、私のこと見てよ」であり、「先生、私のこともっと可愛がって」だったりするのである。田村はボールの球種を見抜いて、確実に投げ返した。

この前年、彼らの大好きなお母さんは病死してしまっていた。R子たちは深く傷つく。いつかは母親と一緒に暮らすことができるかもしれない、という望みが絶たれてしまったのだから。

相手の一番痛がるところを蹴ったり叩いたり抓ったり、通りがかりに「バーカ」などと罵声を浴びせたり、R子のように「〇ン〇ン舐めたろか」などと言ったり、そのどれもがもっとも強烈に相手の注意を惹きつけるための手段に過ぎない。

そのように理解することができ、子どもたちが心の奥底で求めていることが何かを斟酌しながら、投げてきたボールに対して、適切に角度を変えて投げ返すことができてこそ、真に教育のプロと言える。

養護施設に保護されている子どもたちは、劣悪な家庭環境の下で育ってきた場合が殆どである。父親はやくざの親分という男の子。二人の兄妹を可愛がってくれた飯場暮らしの父は、実は全国の飯場を転々としながら盗みを繰り返していた泥棒だった、という例もあった。

そんな彼らが投げてくるボールの球種を見抜いて、ずばっと投げ返さなくてはならない。

H子の場合：母とも離れて

H子母子は遠く石垣島から来た。そう言われてみると、名字も顔つきもどこかそんな感じのする女の子である。母は離婚したが、頼るべき肉親等もいないとみえ、二人の子どもたちを抱えて困り果てていた。働きたくても、時間的に不規則で拘束時間も長い仕事、例えば旅館の手伝いのような仕事しか見つからなかったのである。

この母の場合は、自ら希望して子どもたちを児童養護施設に預け、何時か一緒に住める日を夢見ながら、母がひとり離れた地で働いていた。子どもたちも、そういう事情を聞かされて納得して生活していた。母親は時々学園を訪れて、施設に併設された宿泊所で寝食を共にしてスキンシップをとっているということであった。

こうした子どもの場合は、自分が施設で暮らす理由を本人もよく納得することができ母との絆も保たれているため、寂しさを感じつつも精神的には安定して落ち着いた表情で生活することができている。

自分が愛する人から愛されているとわかっている子どもは、たとえ寂しくても暴れたり他人に暴力を加えたりするようなことはしない。田村は担任ではないが、この子に対して父親のようなつもりで接していた、と語ってくれた。

「こういう子どもとは、接していても心が和む。虐待されていた子どもと接すると、大人も心が荒んできてしまいます」

B夫の場合：二階の窓から逆さ吊り

実母による典型的な身体的虐待である。その契機も、弟が生まれ育児に対するストレスによるものらしいから、これもまたよく見られる例である。

聞くところによると、二階の窓から両足首を持たれて逆さ吊りされた経験もあるとか。B夫は、友達を叩いたり蹴ったり悪口を浴びせたり、毎日学級中を引っかきまわした。この実母は自分の息子に天翔るような素敵な名前を付けておきながら、なぜそこまで自分を追い込んでしまったのだろうか。凝りに凝った命名をして、あまりにも期待を大きく持ち過ぎてしまった母親。子育ての過程で、誰もが体験するなかなか思うようにはならないという不満や苛立ち。それを、虐待という形で表現してしまったのだろうか。

この事例の場合は、例外的に児童相談所の母に対するケアが功を奏して、二年後に一旦自宅に戻されたのだった。例外的にと書いたのには、実は二重の意味がある。児童相談所が保護後も引き続いて虐待者のケアをしたこと、そしてそれが功を奏したという意味ででである。但し、生まれたての弟の育児が二年経って軌道に乗ってきたという状況変化に過ぎないという可能性もある。ケアの成果ではないのかもしれない。

こうした帰宅措置決定に際して、現場で実際にこの子の面倒を見てきた児童養護施設の担当職員や彼の通う学校の先生が、予め意見の具申を求められることは、まずない。あくまでも一方的に決定されてくるのである。田村たち現場で働く者たちは、こうしたお上のやり方に、どれほど歯痒い思いを抱いてきたことかしれない。

このB夫の帰宅という突然の決定に対して、学園職員や田村たち学校職員は、挙って反対した。なぜなら、結果は見えていたからだ。しかし、反対意見の矛先をどこに向けたらよいのか。施設長以下職員は、とにかく児童相談所の決定に従うしかないのだ。

B夫は、学校の長期休業中数度に亘って、一週間程度の一時帰宅をしていた。実はその際にも、繰り返し軽度の虐待を受けていたらしかった。職員たちは、B夫自身からそれとなく聞いていたのである。

案の定、B夫は二ヶ月して再び学園に戻って来た。学園職員等は、あまりに予想が的中してしまって「そら、見たことか」と言い合ったくらいであった。

B夫は再び虐待された。希望に満ちた帰宅を果たした分、彼の心の傷はより深くなってしまったのではないだろうか。B夫のような場合、一部の児童相談所ですでに実施されつつある一定期間親子で共同生活を経た後帰宅させるなど、丁寧な移行措置が必要であろう。

B夫は、中学三年生になる現在までに、数度に亘って帰宅措置されては虐待を受け、再び施設に戻されるという繰り返しなのである。

「彼の髪は、いつ見ても逆立っている。虐待を受けたことと関係あるのでしょうね」、田村は呟いた。

M郎の場合：二年生まで未就学

M郎は、二年生の終わり頃になって、田村の学級に入った子である。それまでは、小学校に就学していなかった。保育園にも行っていない。

母親がM郎と弟とを方々連れ歩きながら暮らしていたようで、M郎は学級に来た頃自分は五歳であると言い張っていた。五歳はなんと二つちがいの弟と同じ年齢なのに。母親から、そう言い聞かせられていたらしいことが推測された。なぜなら、平日の昼間よくパチンコに出かける母親に連れられていたふたり。平日昼間に小学生らしい子どもたちが街中を歩いていれば、当然誰でも不信がる。誰かから、「君たち、今日は学校休みなの。何歳なの」と訊ねられたとき、「五歳です」と答えていれば、事なきを得るからだった。

母親は仕事のため夕方出かけ、夜明けにならないと帰宅しなかった。それまで、兄弟二人はご飯とウインナーソーセージを食べて、ゲームなどしながら母親の帰りを待っていた。顔を洗う、爪を切る、下着を着るなどの基本的な生活習慣は身に付いていない、というより、そういう習慣がなかった。なんと驚くべきことに、保護されたときM郎たちは、パンツを穿いていなかったのだ。下着を着る生活習慣がなかったのである。狼に育てられたのではない。現代日本で育った子どもが、下着を着る習慣づけがなされていなかったことは、驚異的なことだ。

学園の先生方が、当初最も苦労されたのは、パンツを毎日穿くようにさせること。「M郎君にパンツを穿かせようと思っても、抵抗して暴れるんで本当に困りますよ」と、学園の先生方が話してくれた。もちろん、下着を替えるという習慣もないわけだから、職員の日々の生活指導がいかに大変かは想像するに余りある。

その一方で、不思議なことに歯磨きだけはしようとした。夜の商売をしていた母親が、これだけは教えていたらしい。碌な食事も与えていないのに、歯磨きはしてあげていた。後で聞いてみると、どうも母親自身もそういう育ち方をしていたらしい。歯はいいとしても、もちろん爪は伸び放題。彼は、おそらくこの世に爪切りという道具があることを知らなかったのではないだろうか。

学級に入ったとき、読める字が「ま」というひらがなひとつだけだったということ、八歳まで集団生活の経験がないことが、今の日本に生きる人間として如何に苛酷なことか想像していただきたい。

田村先生が見せてくれたビデオには、先生がM郎に平仮名や足し算引き算を教えようと、悪戦苦闘する姿が映っている。

平仮名を一文字ずつ書いたカードをテーブルの上に広げ、それを拾わせては言葉を作る。例えば、「サンタクロースが乗る橇を引っ張ってくる動物は何？」「鹿！えっ、トナカイ」「じゃ、まず鹿を拾って」と言った具合に、一対一で平仮名を教えていった。その画面の向こう側では、他の子どもたちが真面目にひとりで勉強している。先生はM郎にかかりきりで、他の子どもたちの面倒を見る余裕がない。何しろ、字が全然読めないわけだからどの教科の学習も成立しないのだ。

そういう田村先生の悪戦苦闘の末に、M郎は平仮名が少しずつ読めるようになり、街角にある看板の一つひとつが読めるようになった。この子がそれを、どれほど喜んだことか。一緒に歩いている先生に、指差しながら大声で叫んだ。

「あっ先生、はなって書いてあるよ。そうか、ここはお花屋さんだ」

「そうか、これ、おもちゃやって書いてあったんだ。今まで来てたけど、知らんかった」

どうか想像していただきたい。字が読めないことのハンディを。簡単な足し算引き算すらできない生活を。「5と7ではどちらがどれだけ多いか」と問われて、答えられない切なさを。絵の具やクレパスで絵を描いた経験がなく、使う色はいつも黒か紺色か赤だという色彩感覚の中で生きることを。走った経験がほとんどなく、走ろうとするだけで爪先が地面にひっかかって転んでしまう少年のことを。始業時刻を知らせるチャイムがなったとき、「この音がしたらね、学校ではみんな勉強を始めましょうってことなんだよ」と先生から言われて、「えっ、そうだったの」と答える八歳の子どものことを。

人間社会では時間やルールを決めながら共同生活をしているのだという感覚を、八歳になって初めて身に付けようとすることが、如何に困難なことか。また、色を様々に使いながら絵を描くことがない、人と声を合わせて歌ったことがないという生活が、人間の精神生活や情感に対して、如何に決定的な打撃を与えるのかを。〈考える〉という行為が生活の中にほとんどないまま八歳まで過ぎ、いきなり算数の問題を出されてどれほど狐につままれたような状態になってしまうか。

「ここにイチゴのショート・ケーキがありますね。いくつあるの」

「七つだよ」

「では、こちらにはチョコレート・ケーキがいくつあるの」

「五つだよ」

「そうだね。では、どちらがどれだけ多いの」

「えっ、……七個多い」

「ううん、ちがうよ。ほらこっちに五個でしょ。こっちのイチゴを同じように五つ食べると、いくつ残るの」

「いくつ残るか……五つ残る！」

「そうじゃなくて、ほら同じ五つ同士をとると、ここに二個あるでしょ。だから、これはイチゴのほうが二個多いって言うんだよ」

「……」

結局はわからせることができないで答えを教えてしまった田村先生。仕方がないから、もっと簡単な問題を持ち出した。うさぎとカメの絵を描いたカードを持って来た。

「じゃあ、これならどうかなあ。こっちにうさぎさんが三つでしょ。それから、こっちにカメさんが二ついるね。どっちがどれだけ多いの」

「こっちにうさぎが三つでしょ。それで一匹いなくなると、二匹で、（田村は思う、おっ今度はわかるかな。すると、）……それでもう一匹いなくなって、それから一匹カメのほうに来ると三つになるから……こっちが三つ。（一匹のうさぎがカメ二匹と一緒になってしまった！）」

「……」

田村にはもう手がない。いったいこういう子どもにどう教えたらよいのか。「それで一匹いなくなると、二匹で」と言ったとき、今度こそわかったと思って嬉しくなった瞬間、とんでもない。そのあと「それでもう一匹いなくなって」と余計なことをやったあげく、「それから一匹カメのほうに来ると三つになるから……こっちが三つ」と、残りの一匹のうさぎカードをなんとカメの仲間のほうに移動させてしまって、「こっちが三つ」と答えたのである。

「えっ、うさぎとカメを一緒にしちゃダメなんだよ」と言ってはみたものの、田村にはもうどうしたらよいのかわからない。相手にしているのは、小学校三年生並の生活年齢と体格があるのに、やっているのは一年生の教科書の一番初め。そこがわからないのである。

田村の胸の中で、敗北感とイライラ感が入り混じる。ああ、もし自分があと十年若かったら、きっとこの子にゲンコツくれてたろうな。あるいは、なんて馬鹿なんだ、という軽蔑の言葉も薄ぼんやりと淡い霧のように浮かび上がってくる。この子自身の責任ではないのだと、頭では理解できているのに。教えようとする気持ちが強くなればなるほど、イライラ感は募るばかりだ。

こういうとき、教師は幾通りかに分かれていく。ひとつはイライラ感を募らせていった結果、ゲンコツするか「おい、ちゃんと考えてから言いなよ。思いつきで答えてちゃだめじゃないか」となるか。「ああ、こいつはやっぱりだめだ。この子に教えるのは無理だな。生育からして仕方ないな」と、相手のせいにして諦めるか。もちろん、第三の道がいいに決まっている。「そうか、この方法ではこの子はわからないんだ。この子はいったいどこで躓いてしまっているのだろう。もしかすると、問題は算数的な考え方がわからないのではなくて、いくつ多いかという日本語の意味のほうがわからないのかもしれない」そんなふうに考えて、第三の道をとるべきなのだ。それは、言うまでもないこと。

しかし、なんとかわかって欲しいと思う情熱をもった教師ほどイライラ感を募らせ、結果として体罰に及ぶ可能性は高い。体罰はいけないが、ではこの情熱はというと、果たして否定はできないものだろう。第二の道を選ぶ教師は、決して体罰はしない。原因を相手に求めて諦めてしまうのだから、相手に対しても自分に対しても腹を立てなくて済むからだ。体罰はしないが、ではこういう教師はよいのか。もちろんよいわけはない。私は、この第二の道を行く教師が最も罪が重いと思う。実は第一の道を行きそうになる教師は、第三の道を行く教師になる可能性がある。情熱を持ち合わせない第二の道にいる教師よりも可能性は高い。

今現場に蔓延してきたのは、第二の教師たちの姿だと思う。この人たちは、決して悪い人間ではない。ふだん生活している分には、温厚であり人当たりがよく、あの人が腹を立てたところを見たことがないなどと言われている。それなのに、こういう人が担任する学級ではいじめや学級崩壊が起こりやすいのである。人間としては温厚であるが、自分の価値観を変えようとしなかったり、どこかで子どもを軽蔑したりしている。第三の道を行く教師は、冷静な情熱家とも熱き分析家とも表現できるかもしれない。

多分、今までのM郎の生活の中には、こっちがいくつあっちがいくつという世界はあっても、こっちとあっちではいくつちがうかという世界はなかったのだろう。物と物とを比較して差を考えるという生活がなかった。即物的にそれがいくつと言うことができても、物と物とを関連付けてみる生活感がない。M郎には、自と他が共存する集団生活の経験がない。これは、決定的なことに思えた。保育園や幼稚園からの集団生活というのは、友達との社会性の初歩を学ぶ場だろう。社会性とは、お互いの違いを認めて尚且つ協力すべきところは協力するということではないだろうか。M郎の体験してきたのは、そうした違いや比較を必要としないそのときその物だけを見ればよい生活。いわば即時的即物的な生活。他との協同生活の中で、翻って自分について見つめることなど皆無な生活だったのであろう。

人間はまずヒトとして生まれる。動物としてのヒトである。そのヒトが、他との生活の中で、考え判断するという経験を積み重ねていくことで、人間へと育っていく。こうした初期段階が欠落してしまっているというハンディ。問題は、判断力抽象能力論理性、つまり考える力の不足である。知能検査をやってみても、M郎の能力は、当然ながら評定段階1である。

やさしさという距離感

養護施設に暮らすこうした子どもたちと、学校の教師たちは、どのように接しているのだろうか。田村は、担任していない六年生の子どもたちとのことを詳しく話してくれた。

六年生は、なんと女の子だけ七人の学級だった。こう聞いただけでも大変だということがわかる。女の子たちは、だいたい五年生後半あたりから身体的にも精神的にも変化が著しくなる。男性教師が女の子たちとうまくいかなくなってしまうのは、大抵がこの時期である。女子だけ七人の学級を、もしも若い男の先生が担任したらいったいどうなるか。この七人の担任は、まさに二十代の男性教師だったのである。当然ながら、四苦八苦していた。

田村は直接担任していたわけではないが、小さな学校なので担任学級以外の子どもたちともよく接する。担任同士がサポートし合おうとする意識も強い。同僚の女教師小沢さんも六年生の担任ではない。小沢先生とこの子どもたちとの関係を見ていると、教師と子どもたちとの人間関係づくりの難しさがよくわかるという。

赴任して二年経った小沢先生に対して、最近六年生の数人が「おばさん」「ばばあ」「なんだ、ばか」などと言うようになってきた。小沢さんが担当する手芸クラブの時間、R子ちゃんは「ねえおばさん、ここどうやるか教えろ！」とくる。そんな姿を、この子どもたちは小沢さんと一体感を求め始めている、と田村は見る。

しかし、ベテラン教師である小沢先生は、初めからこの子どもたちと距離を保とうとしている。さすがにベテランなので、「おばさん」と言われても、ムカッとして売り言葉に買い言葉のようにはならない。けれど、「そんなこと言ってるともう教えない」と、どうにか感情を抑えて応対する。

小沢さんには、R子がどうしてそんなふうに言いながら身を寄せて来るのか理解できないのである。とにかく嫌になってしまう。いくら教師といえども人間。こんな言葉を言われて傷つかない人間はいない。どうにか怒らないように自分をコントロールするのが精一杯なのだ。

小沢さんは、R子が施設で暮らすようになった事情を、一応は知っている。しかし、知っているだけで悪戦苦闘しようとはしない。「どうしてそんなことを言うのかわからない。わからないが、どうにかわかることはできないか」という思いが、小沢さんにはない。譬えてみると、R子と小沢さんとの間に川があり、隔てられている。川幅は、広すぎて今は一挙に跳び越えることはできないが、それでもどうにか跳び越えようとし続ければ、いつかR子のいる向こう岸に行きつけるのではないかという隔たり感。そうした隔たり感を持とうとしないで、最初から距離を保とうとしている小沢さん。自分が傷つきたくない教師の多くはそうするだろう。

田村はというと、ムッとはしない。R子から毎日のように「おじん」「おじさん」と言われている。最近転入して来た六年生のふたり（双子）からは、会う度ごとに「ばーか」「おじん」と声をかけられる。ふたりは田村の教室の前を通るとき、わざと聞こえるように大きな声で叫ぶ。「おじん！」反応して欲しいのだ。相手にとって最も刺激的な言動を投げつけて、反応を引き出したいのだ。愛情を確認したいのだ。

ふたりは、田村以外には、女性の野原先生のところによく行っている。そこで、田村は聞いてみた。

「この学校で、お母さんに似ている先生いるの」

予想したとおり、「野原先生！」という答えであった。田村はそういう直感が働くようにはなってきていた。

田村の場合、R子たちにそんなふうに声をかけられると、「そんなきついこと言わないでもいつも見てるよ」と応えたり、「今日は天気がいいから水泳できるかなあ」などと関係のないこと言ったりしていた。

田村がそんなふうに応対しながらしばらく話していると、どこからか同じ六年生のY恵ちゃんが傍に来ている。そして、田村の腹や腕の肉を思いきり抓る。そしてM美ちゃんも、「ねえ先生、先生」と話しかけて来る。そうやって子どもたちは、とにかく強烈な方法を使いながら田村の注意を惹こうとする。

それが、六年生の子どもたちの田村との距離のとり方だ。言葉使いは最悪だし、抓る引っ掻くではあまりにも乱暴だと誰もが思うだろう。田村の腕には、いつも傷がいっぱいついている。どの子も田村とのコンタクトを求めている。

六年生の双子は、母子家庭。母には若い恋人がいるが、子どもたちはその男性とはどうも気が合わなかったらしい。母親は養育を半ば放棄していた。Y恵ちゃんは、同じく母子家庭。母親は多額の借金を抱えていて養育に手が回らない。R子と双子の姉妹それにY恵、いずれもしなのき学園で暮らす子どもたちだが、この四人を含めて学園にいる子どもたちのほとんどが、実は親と死別はしていない。親の離婚あるいは蒸発、覚せい剤等の犯罪による収監、また虐待等々による保護である。M美ちゃんは、施設にいる子どもではない。しかし、母との死別、父との別居によって叔母に育てられていた。一方、R子やその弟妹たちは、相変わらず「先生、○ン○ン舐めてやろうか?」と言い続けている。

そういった子どもたちが田村の周りに集まって来ては、田村を奪い合うのだ。田村はこの子たちの何倍も生きてきたわけだが、同じような強烈な経験はない。だから、彼等がどういう悲しみをもって生きているか本当のところは自分にはわからないのだという。だが、今なぜ自分の周りに来て、汚い言葉や乱暴な言葉を発しているかをわかろうと思う。事情を知っているだけでなく、なんとか理解しようと努めることで、田村は辛うじて、自分をコントロールすることができていた。初めから一定の距離を保つような態度にならないように。つまり、単に事情を知っていることと、理解し続けようと努めることとはちがうのだ。

この子たちと一緒にいると、絶えず振りまわされ、思いどおりにいかないという歯痒さに落ち込んでしまう。しかしその一方で、いったいどうしたら腹を立てずに「やさしく」接することができるか、田村は自問し続けてきた。そう自問し続けていると、なぜか自然にやさしくしたいと思うようにもなると、田村は言う。

田村が今、子どもたちとの対応の中で「何かわかったような気がする」と感じるとき、その正体は、この「やさしさ」感なのだ。教育の技術として、それは具体的にいったい何をどうすることなのか。言葉で表現しようとすると難しいのだが、そしてあまりにもありきたりな結論なのだが、「一言で言えば、やさしさ、それしかないような気がする」と田村は言う。

ところで、六年生の子どもたちは田村にこのように接してくるのだが、田村が担任する五年生の子どもたちはそうは接してこない。引っ掻くことも抓ることもなく、自然に話し掛けてくる。なぜなら、この子たちとは適当な距離感があるのだと、田村は言う。距離感の源は、おそらく授業だろう。授業というフィルターをとおってきている人間関係かどうか。授業によって、教師と子どもとの間に適当な距離感が生み出されてきたのではないだろうか。

授業というのは、実は非日常的な隔たり感の積み重ねだ。教師は授業中子どもたちに対して、休み時間とはちがうある緊張感をもって望む。そこに生まれる適度に隔てられた感覚。それは、適当な距離感であり緊張感である。つまり、友達気分のままでは授業に望むことはできない。授業というのは、そういう非日常的な時間だと言える。そうした時間の積み重ねによってでき上がってくる人間関係。

田村はそれを、「やさしさという隔たり」と表現した。

田村が傷つきながらも、やっと手に入れてきた子どもたちとの距離感、「やさしさという隔たり」。田村は言う。

「私たち教師は、当然この子たちよりも相当長く生きてきて人生経験があるわけです。それに、この学校の教師は皆ベテラン揃いです。それなのに、しなのき学園にいる子どもたちのそれぞれの体験や事情を聞くと驚くばかりで、正直どうしていいのかわからないのです。日々立ち止まり悩んでばかりです。でも、これだけは言えます。たとえわからなくても理解しようと努力し続けることです。授業でも私は、どう教えたらよいかというよりも、この子のわからなさをどう理解したらよいかとばかり考えています。教えよう教えようとして、敗北感ばかり味わってきましたから。もうそれしかできません。それが、唯一私たちがこの子どもたちにできるやさしさのような気がするのです」

児童養護施設の子どもたちは概して体格が小さい。幼い日々の愛情不足が原因だろう。愛情不足という精神的打撃は、間違いなく身体的発育に影響する。情緒が不安定で感情の起伏が驚くほど激しい子も多い。さっきまでにこにこしていた子が、瞬時にして「なんだよてめえ、うるせえな!」となる。なるほどこの子どもたちの心は傷ついている。そして、そうした暴言や行動によって、田村たち教師もまた傷つく。傷つきながらもやさしくしたいと思う。

第五章　どこかで絆を

思春期と父親という存在

Kは、どうやって思春期を乗り切っていくのだろう。思春期の中で、子どもは大人の代表である親を否定し乗り越えて自立していこうとする。つまりKは、この弱い父親の態度を否定し、その上で父をひとりの人間として理解できるようになること、それがKの思春期における大きな課題だと、田村は考えていた。

思春期のある段階において、継母の行為が「児童虐待」という決して許されないものであったこと、父親はそれを阻止すべきだったができなかったことをきちんと学習する必要があると考えていた。たとえ過酷であってもそういう作業なくして、Kの自立はありえないと考えたからだった。そのためにも、父親の存在を忘れさせてはならない。

四年生の頃、Kはまだ父親という存在を意識していた。地方新聞の「ぼくらの二十年後」欄に作文が選ばれたとき書いている。

ぼくのお父さんは大工だ。ぼくも、二十年後、大工になっているだろう。お父さんみたいな大工になっているだろう。そして、いっぱいはたらいているだろう。

しかし、六年生になったKの口からは、父親のことは一切出てこない。学園では、児童相談所のアドバイスのもとに、自宅宛にKの手紙や絵などを送り続けている。しかし、一切反応が返ってこない。Kのことをもう見限ったのか、それとも届いた手紙を継母が父親に見せないで捨てているのか。Kのほうも、そんな状況を受け入れて、もう諦めてしまったのだろうか。

ここで疑問に思うことは、児童相談所の対応についてである。田村の口からも、幾度となく児童相談所の対応の遅さや甘さについて聞かされてきた。彼は、児童相談所の対応に不信感さえ抱いているようだった。

田村から聞く限りにおいて、児童養護施設入所後の子どもたちに対して、児童相談所は必ずしも有効に機能してはいない。もっとはっきり言えば、入所後のケアはないに等しいと言わざるをえない。また、当然あるべき家庭へのケアについても問題だ。虐待行為をしていた継母を含む家庭へのなんらかの働きかけによって、Kが再び家庭で暮らせるようになるようなケアをしているのだろうか。この地域を担当する児童相談所の職員配置を見ても、それはほとんど不可能に近い。相談員をはじめとする職員の絶対数が少なすぎて手が回らないのだ。相談所所長の前任地が、水道課だったりするような状況こそ解消されつつあるようだが。そうした行政の問題については、また別のところに譲り、もう一度本題に戻ることにしよう。

六年生になったKには、否定すべき確固たる父親像すら無くなってしまっていた。顔も声も忘れてしまったのではないだろうか。あるのは恐らく淡いあこがれか夢か。だからこそ今、父親との絆を取り戻し再確認させる必要があるのだ。

田村はそう考えていたし、Kの学園担当職員である池谷さんもまた同様の考えを持っていた。ふたりはもう何年にも亘って、Kについて相談し語り合ってきた。Kのことを介して、ふたりは同志とも言える関係を築いてきていたのである。

卒業まであと数ヶ月となった一月二十四日。学校は参観日だった。実はこの日に是非とも父親に参観に来て欲しいと、池谷さんは画策していた。

保護された児童の親との接触は、原則として児童相談所の指導によることになっている。しかし、それを待っていてはまったく埒が明かない。学園では、園や学校の行事等の予定を文書で度々家庭に送付して連絡を取ろうとする。しかし、多くの場合連絡は取れない。なぜなら、親たちが以前の住所から勝手に転居してしまい、どこにいるかわからないことが多いからだ。Ｋの場合は、虐待を加えていた継母が、文書を父親の目に触れさせないように処分してしまっているらしい節もあった。

池谷さんは、遂に強硬手段に訴えた。児童相談所に断りなく直接に親に会うことは立場上無理だ。そこで考えた。池谷さんの自宅とＫの自宅が案外近いことを利用したのだ。実家に帰ったある朝、犬の散歩を装い、丁度仕事に出かけようとする父親に偶然出会う、といううまい手を考え出した。

「Ｋ君のお父さんですよね」と話しかけた。父親はごく普通の応対で、「ええそうです」と応えた。

今まで学園でやってきたことを大まかに話したところ、父親は文書をまったく目にしてはいなかった。文書には、何度もＫの父親宛ての手紙も同封されていたはずなのに。案の上、継母が握り潰していたらしい。父親は言った、Ｋと長く離れ過ぎていて、それが引け目になってしまい会えないのだと。

わからなくもない。しかし、何年にも亘って、自分からまったく連絡をとらないというのはいったいどういうことか。

かつてKが継母から虐待を受け、暗い倉庫の中に閉じ込められたときも、ガムテープで目張りをされた部屋に閉じ込められて食事代わりにレタスだけ与えられていたときも、父はやさしく「この飴舐めてろな。今出ると、お母さんがまた怒るからなー」となだめてくれた。Kは言う、「だからお父さんはやさしい」と。

だが、それが実父としてのやさしさだと言えるのか。なぜ妻の虐待から我が息子を助け出せなかったのか。

父親は真面目な内装職人だ。しかし如何にいい人であっても、この脆弱な父親の態度こそ問題なのだ、Kは思春期にこの父の姿に反発し否定し乗り越えなくてはならないのだ。田村は堅く思う。

池谷さんと出会ったとき、かつて弱かった父は、やはり同じように弱いままの父親だった。否、自分がKの父親であることを忘れて生活していたのではないか。もしかすると、この父なりに心配し心を痛めていたのかもしれないが、そういう苦しみはいっこうに伝わってはこなかった。

二月四日が参観日という数日前、突然学園に電話があった。Kの父親からの「参観日には仕事が入っていて行かれない」という断りの電話だった。

池谷さんが不在だったため、事情を知らない事務職員がK本人にいきなり電話を取次いでしまった。行かれないというような趣旨のことを、二言三言話したらしい。

池谷さんにとっても田村にとっても全く意外だったのは、Kがこの電話のことを誰にも話そうとしなかったことだ。池谷さんも事務職員から聞き、本人に確かめて初めて知った。Kにとっては、そういう程度だったらしい。数年ぶりに父親の声を聞き、嬉しいとも悲しいともとれるような表情で淡々と応えたというK。

感情豊かな人間に育てたいなどとよく言われるが、この父親のような大人の対応が、子どもの心から喜怒哀楽の機微を奪い去って行ってしまっているような気がしてならない。

Kの中で、父親はもはや葬り去られたものなのだろうか。いつの日か家に帰宅できるのではないか、長期の休みには帰省できるのではないかという淡い望みも、いつのまにか消えてしまったK。

親と離れて暮らす学園の子どもたちは、長期休みが近づいて来るとそわそわと気が気ではなくなってしまう。自分は親元に帰省できるかどうか、園長先生から言い渡されるからだ。Kの父親のようにまったく音信不通になってしまう場合もあるが、大抵の親はときどき電話をかけてくる。「今度の休みには帰って来ていいよ」「二週間くらいしたらプレゼント送るからね」と何気なく電話口で言って、子どもたちに淡い希望を抱かせる。良心の呵責からか、そう言ってしまう。しかし、その口約束はほとんど実行されない。「まあ、そう考えるとKの父親は、自分が来られないことをきちんと伝えただけまだマシかもしれないいな」田村は、いささか皮肉交じりにそう言った。

母親との絆

田村の学級にいるもうひとりの学園児童M郎。彼の母の場合も、「また電話する」と言ったきり電話がきた試しはない。それが、昨年夏休みから三ヶ月間、母親は一時帰省させたM郎たち兄弟を園に戻して寄越さなかった。

夏休みの一時帰省先は、毎年ちがっていた。なぜなら、M郎の母親は全国を転々としながら暮らしているからだ。一昨年は愛知、昨年は福井であったが、今年は福島のアパートに内縁の夫と暮らす母親。M郎を保育園や幼稚園に行かせず、小学校にも就学させないまま全国を転々としていた。だから、M郎がまったく読み書きできないのは当然であるが、幼稚園や小学校での集団生活の経験がないために社会的判断力が極端に欠けた状態だったM郎。ルール・規則・きまり、彼の辞書にそんな言葉があろうはずもなかった。

「皆さん、〇〇しましょう」と言えば、「なんで」と聞き、「〇〇する時間ですよ」と言われても、みんなで一緒に何かに取り組むという意味そのものがわからなかったのである。日本語で説明しても、理解できない。

歯磨きをする習慣はあったものの、なんと驚くべきことに、パンツ（下着）をはきかえる習慣は身に付けていなかった。初めはパンツそのものを穿いていなかった。爪を切ってもらった記憶もない。いつも歯で噛んで短くしていた。幼児期からの栄養不足が原因と考えられるが、視力・聴力が低く、虫歯も多い。それなのに肥満で、後髪は馬の鬣のように長かった。低い音域が聞き取りにくいことは今でも日常生活に響いてしまっていて、田村先生の低い声はどうも聞こえにくいらしい。名前を呼んでも、一度で振り向くことがあまりない。

福島に帰省していた三ヶ月間の生活は、ひどいものだった。

こちらから電話をかけてもなかなか通じないことが多く、ときどき新しいお父さんが電話を寄越した。これは、定期的に電話連絡を入れなくてはいけない、という児童相談所からの指示によるものだった。その指示をときどき思い出してのことだった。

電話越しに様子を聞いてみるにつけ、学園職員も田村たちも大いに気を揉んだ。一時帰宅から施設に戻さなくてはならない期限はとっくに過ぎていたのだし。

期限が過ぎていることは承知しているが、福島から連れて来るだけの電車賃がない、というのが帰さない理由だった。それは単なる口実なのかどうか。

この内縁の夫はその日によって仕事があったりなかったりという日雇いの状況で、休み前に子どもたちを連れに学園に訪れた際も、ヒッチハイクでやっとのことで辿り着いた感じの、まるでホームレスのような服装であったとのこと。

福島での劣悪な生活状態が予想された。ならばどうしてもっと強引でもよいから、子どもたちを引き戻せないのか。田村も学園職員もどれほど気を揉んだことか。しかし、「もう暫く様子を見ろ」、という児童相談所の指示には従わざるを得なかった。

田村が気を揉むのには別の理由もあった。突然いつ帰って来るかわからないというのは、指導上相当に困ることだったのだ。夏休み後の二学期の小学校は、行事続きの日々だったからだ。

夏休み直後の八月末には水泳大会、九月上旬の運動会、その後本格化する音楽会に向けての練習、十月下旬には地区の学校合同音楽会と校内音楽会、音楽会の折りに展示することになっている描画の制作等々、これらを計画的に日程に載せながら授業を進めていくわけである。

そうしたスケジュールをこなしている途中で、ある日突然M郎が戻って来たらどうしたらよいか。それは例えば運動会の数日前かもしれない。あるいは、明日は音楽会という日かもしれない。いずれにしろ、突然の転入生だから参加できませんとは言えない。以前からいた子どもなのだから。とにかく一度はステージに上げて、合奏なら何か楽器を持たせなくてはならないだろう。第一折角戻ったのに出番がないというのでは、彼自身がかわいそうだ。だから、いつ帰って来ても彼の出番が保証されていなくてはならないわけだ。田村は正直、「運動会の次の日など一番いいがなあ」などと思ってしまったくらいだった。

すぐにでも誰かが連れ戻しに行けばよいと思うところだが、児童相談所ではあちらの相談所との管轄圏に配慮して、「もう少し様子を見ろ」という判断だった。所謂行政の仕切りというやつである。田村たちはもう、相談所がよく使う「もう少し様子を見ろ」

という、いかにもお役所的な姿勢にはウンザリしていた。

それでもやはり動くことはできない。

三ヶ月目にして、学園職員がどうにか相談所を説得してやっとのことでOKをもらい、子どもたちを連れ戻しに行って来た。この行動力はさすがだと思われた。

戻って来たM郎は、この間に四キロも太っていた。学園に入所当時肥満だった彼が、身体を動かして遊ぶことが面白くなり、だんだんと引き締まった身体つきになったと喜んでいたのに。

どんな食事をしていたのか聞いてみた。母は夕方から夜の仕事に出かけるので、新しい父とM郎兄弟が起きるのは昼近く。昼は大体がインスタントラーメン、夜は母が作っておいてくれた野菜炒めとご飯。味噌汁なんてものはない。毎日そういう食生活をしていたのだった。母親も幼い頃から、それに似た生活を送ってきたらしく、さして気にもならない様子だったと言う。

あと一週間で音楽会という日に戻って来たM郎は、一学期に少し経験していたオペレッタ「大工と鬼六」を思い出し思い出ししながら、立派に発表することができた。「一週間でよくあんなにできるようになったね」と、何人もの先生方から誉めてもらえて、

M郎も満更ではなかったようだった。

いつ帰って来てもできるような内容を、と考えていた田村の作戦勝ちだった。

ここに紹介したM郎の例は、劣悪な生活環境からの保護が、いかに重要かを物語っている。M郎兄弟は、母のもとでは、人間らしいあるいは子どもらしい生活が保障されないからだ。保護は、当然の措置だと思われる。M郎の母は養育能力がないと考えてよいだろう。

しかし、そんな母であるが、M郎たちは母のことを愛していたし、母もまた愛していることは確かだった。

母親は自分が育てられたようにしか育てられない、とよく言われるが、この母もまた同じような境遇で育ったらしい。母もまた犠牲者なのだ。だから、母親は自分ではそれなりに育てている思い、充分我が子を愛していると思い込んでいる。多少至らないかもしれないが面倒をみているし、心は通じ合っていると思っているのだろう。M郎たちも、自分たちが虐待されているなどという意識はない。母親が自分たちを愛してくれていると感じているにちがいない。この親子には、比較する対象がないのだから。

客観的な立場から見れば、この家族には家庭教育と言えるものなどはない。そういう生活では子どもを養育していることにはならない。単なる家族であって家庭ではない。しかし、当人たちは、それが愛し方のすべてだと思い込んでいるにちがいない。だから、敢えて言わせてもらえば、この母子には絆がある。

客観的にはどんなに劣悪であっても、自分が親から愛されているという実感をもっているM郎は、だからこそ大変に素直な性格の子どもだった。学園や学校の先生に注意されたり指示されたりすると、素直に非を認め、改めようとする姿が見られた。そこがKとの大きなちがいだったのである。

大人の注意や指示に対してまるで虐待を誘いかけるように無視し続けるKと、素直に受け取ることができるM郎とのちがいは、結局は誰かから愛されているという実感をもちつつ育ったかどうかのちがいなのだ、と田村は思った。

親がどんな人物であれ、とにかく絆をもっているかどうか。子どもの人格形成にとって、絆という感覚がいかに重要な要素であることか。このふたりのちがいをとおして見ることができるのではないだろうか。

M郎とて愛情一杯の環境であったとは言い難い。母と若い恋人が繰り返す喧嘩を、目の当たりにしていたことによるトラウマは消えなかった。包丁を振り回す大人たちの喧嘩から逃げて、M郎兄弟は押入れの中で小便を漏らしながら震えていたのだ。

この数年後、M郎には分裂症、二歳年下の弟には自閉症（アスペルガー）という診断が下された。M郎は児童自立支援施設へと送致され、弟はリタリン等を服用しながらの生活となっている。

父親との絆

田村は言う。

「M郎はまだいいんです。それがどんな母であれ、母親との絆というものがある。それが彼の真面目な生活態度につながっているような気がします」

一方、Kには実母に抱かれた記憶がない。母の匂いの記憶がない。継母は三人の連れ子を可愛がり、父の連れ子であったKを虐待した。実父は虐待の事実を知りながら救ってくれなかった。虐待を警察に通報したのは、貸し家の大家さんだった。別れて数年、一度も顔を見せない父。「父ちゃんのこと忘れちゃったけど、大家さんには会いたい」と、最近つぶやいていたK。

今では、長期休みの度に一時里親を引き受けて下さる森さんのほうが、Kにとっては近しい存在になっているのかもしれない。

電話で父と直接話したということを池谷さんから聞いて以来、田村は再三Kに対して「(数年ぶりにお父さんと話したという) こういう事件は日記に書くくらいはしたほうがいいよ」と言ってきた。Kは、書こうとはしない。どうして書かないのだろうか。Kは複雑な心境にあるのかもしれない。

父との絆はもう諦めてしまうべきか。「参観日にはやっぱり来られない」と言われた電話によって、そのことをはっきりと確かめてしまっているのではないだろうか。

どこかで絆を確かめながら

六年生の九月初め。まだ暑い日の午後。学校は日曜で休みだったが、田村は担任する六年生の学級で世話している花壇の草とりに行った。休みの日は、学園の子どもたちが校庭に遊びに来ていることが多い。案の定、KもM郎も来ていた。

田村は予想していた。Kはもしかすると自分から手伝いに来てくれるのではないかと。

否、必ず手伝いに来てくれるはずだと、なぜかかなりの確信を持って。

そのときははっきりとした自覚はなかったものの、田村はこのころから「絆」という感覚を抱き始めていた。「絆」という感覚とはいったいなんだろうか。田村にその説明を求めたが、説明するのは難しいとかわされてしまった。そして、KやM郎への接し方が、自分の中で微妙に変わってきている気がすると話してくれた。

「かつての自分だったら、この二人を呼びつけて一緒に手伝わせて花壇整備をしたにちがいない。でも、このときはもうそういう気はまったく起きなかったんです。Kはきっと手伝いに来てくれるにちがいない、と信じていました。仮に来なかったとしても、それはこちらの予想が外れたと考えればいい。Kに対して腹立たしくなることはないでしょう」

彼らは休みで校庭に思い思いに遊びに来ているのだ。それを呼びつけて手伝いをさせるなんて決していいことではない。田村はそう思いながら、自分で草取りを始めた。

すると、果たしてKはやって来た。

「先生、手伝おうか。教頭先生にやったらって言われて、どうしようかどうしようかって思ったんだけど、やっぱり来た」

「やあ、嬉しいな。やっぱり来てくれたんだ」

M郎の方は来ないのだが、それはまったく問題にならない。

校庭を挟んで、花壇と草捨て場はちょうど反対に位置していた。田村が次から次へと鎌で刈り取ったり引き抜いたりした草を、Kは何度も往復しながら運んでくれた。両手の指をいっぱいに広げて抱きかかえるようにして。そのうちには自分の自転車の荷台に乗せて。

「やっぱりK君はやさしいな。先生の思っていたとおりだよ、きっと手伝いに来てくれると思っていたんだよ」

草を抜いた花壇に水をたっぷり撒き終わった後、田村とKはふたりでアクエリアスを飲んだ。うまかった。

ルーツへのルート

Kとの別れの日も近い。

卒業までの登校日数が三十日余りとなった二月の初め、養護教諭の井上さんから保健体育で「生命の誕生」の授業をしたいという提案があった。

田村は以前から考えていた。KやM郎君にとっては、自分のルーツを明らかにすることを前提とする生命の誕生や性についての授業は相当に難しいだろう、と。

彼らもいつか誰かと恋をし結婚し子どもをもうけるだろう。こういう施設で暮らす子どもたちは、寂しさや人恋しさを根本で持っているから、人一倍寄り添える相手を欲しがり温かい家庭を望む。そのため早婚も多い。

しかし、いざ結婚してみると、自分が親としてどう振る舞えばよいのか、子どもにどう接すればよいのか戸惑ってしまう。なぜなら、自分の人生経験の中に父親像母親像が希薄だからだ。あるいは、その像がない。人は自分が育てられたように育てる、とは誰の言葉だったたか。

Kが持っている父親像は、虐待する継母から子どもを救い出すことをせずに、波風が立たないようにとり繕う父親である。実母については全く記憶にない。一方M郎にとっての父親像は、次々と代わる母の内縁の夫のことであったり、喧嘩をすると包丁を持ち出して追って来る男であったりする。取り替えが利く存在としての父。彼はよく、「今度のお父さんは……」と話していた。そういうM郎も、いったい何を範に父親像を作り上げていくのだろうか。そして当然彼らは、こうした自分自身にまだ気づいていない。田村は切実感を持って考える。人間関係の絆が切り離されることの過酷さを嫌というほど思い知らされてきている彼らにとって、たとえ血の繋がりはなくとも周囲に温かで堅固な人間関係の絆が保たれていることが、最低限の保証とならなくては、と。

田村が常々、Ｋ担当の学園職員池谷さんと話してきたのは、父の存在を忘れさせないことは、すっかり忘れ去ってしまうよりはよいことにちがいないということ。しかし、返事のこない手紙を書き続けることが、本当に絆を断たないことになるのだろうか。そうすることだけで絆を保証したことになるのだろうか。

Ｋは幼児期に父親とどういう触れ合いを持ちながら、絆を築いてきたのだろうか。彼に父との思い出は何かと問うてみたくなる。ふつうの場合は、父親とキャッチボールをしたとか肩車をしてもらったとか、そういう思い出を通して私たちは絆を認識しているのではないだろうか。Ｋにはこうした体験がいったいどのくらいあったのだろう。

答えはかなり悲観的だ、と田村は思う。

だから単に自分にはお父さんがいるというだけでは、現在から将来にわたって、彼の自立の根拠となるような父親との絆は保証されたことにならない。

確かに父親は電話を寄越した。その電話で二言三言数年振りの話をした。それは「とうちゃんと話した」という事実にはちがいない。しかし、Ｋにとってどれほど手触りの感じられる出来事だったのか。

田村は悲観的にならざるを得ない。

安心か怠惰か

卒業まで残り二十八日となった二月七日、Ｋに漢字練習のために『漢字全部君』が渡された。

「今日から宿題で毎日二ページずつやっていけば、卒業までに終わることができるから」

それにしても、Ｋはどうしてこうも漢字を覚えないのか。文章を書くことにも相当の抵抗感がある。昨日やったばかりの長方形面積の出し方も忘れてしまっている。「たて×よこ」という単純な公式すら思い出せない状態なのだ。

この子には今、虐待を受ける危険性はまったくない。安心できる安定した環境の中で暮らしている。

ある本によれば、被虐待児童をそうした環境に置くことがまず第一という。当然であろう。ただそう書く言外に、そのような環境に置けば、彼が本来持っている才能を十全に発揮していくだろうという安易な願望が見え隠れしている。著者は、本当にそうした明るい結末を確認したことがあるのだろうか。一般論なら誰でも言える。

Kを見る限りにおいて、彼が本来持っている自分の才能を自覚し、自信を持って自立の道を歩んでいるようにはどうしても見えない。停滞している。

彼はますます依存心を露にし、怠惰な生活姿勢に止まり、精神的な幼さを拭い去れないでいるようだ。絶えず誰かに可愛がられたいという欲求に、身悶えているようにさえ見える。

こうした停滞は、例えば知能検査の結果に如実に現れてしまっている。二・四・六年と隔年で行われる検査では、知能偏差値が、五一（二年生時六月、以前の学校で検査結果）→六二（同じく二年生十一月、転校して来てすぐの緊張感の中で）→四九（四年生時）→四十（六年生時）、と明らかに落ち込んできてしまっている。

生活の面でも気にかかることが多い。忘れ物をする、約束の時間によく遅れてくる、強く注意されるまでは興味あることを止めることができない、同級生と遊ばずに下学年の教室に顔を出すことが多い、日替わりでポケットに小さなおもちゃを忍ばせてくる、朝食で嫌いなものが出ると食べないままでいるので学校に遅刻する、等々。

田村は、転入当時の様子を見ていて、Kが「解離性障害」を負っているのではないかと疑っていた。それが軽いのか重いのかはわからないが。集中力が極めて乏しい。というよりは、思考をストップしてぼうっと空中を見つめている姿をよく見かけた。あるとき、その時間を計ってみると、五十秒ほどもあった。五十秒間もぼうっとしているのである。不気味な感じすらあった。

虐待がひどかった一・二年生の頃の学習、例えばかけ算九九や漢字はすとんと抜け落ちてしまっていた。したがって、そうしたことを前提とする計算問題や文章表現は、当然ながら非常に弱い。知能検査では、記憶領域が優れているという結果が出ているのにも拘らず、それが教科の学習に全くと言ってよいほど活きてはこないのだった。

強制はしなくていいのか

二月十三日の休み時間、Kはめずらしくどこへも行かず教室でストーブにあたってい
た。少し体調が悪いことは悪いらしい。他の子どもたちは、最近みんなしてバスケット
ボールに夢中になっているのに。他の子どもたちは皆体育の時間が待ち遠しかった。
運動神経のよいKは、ストーブに当たりながらひとりつぶやいていた。
「俺、体育もあんまり好きじゃないんだよね。ああやれこうやれって言われながらや
るのが好きじゃない……」
Kの周囲に無気力な空気が、澱んでいた。
虐待を経験した子どもたちに対して、強制的な指示命令を最小にしていくべきだろう
という主張は、一般論としてはわかる。ただ、こういう無気力的な態度に接したとき、
田村たち周囲にいる大人は、思わずむかっとして叱咤激励をしたくなるのである。それ
は是か非か。
保護した後にどういう教育をすればよいのか、四年余り経った今もよくわからないで

いた。学習指導要領に明示された内容を習得させる、それが学校教育の使命である限り、指示も強制も叱咤激励も何もない指導などあろうはずはない。

それでもKは変わってきたか

二月の発育測定終了後。子どもたちがいなくなると、養護教諭の井上さんが田村に話しかけてきた。

「先生、K君この頃変わってきましたね」

田村は正直驚いた。卒業を目前にしても、どうもぱっとしない面ばかりが目立つように感じていたからだ。

「えっ、どういうところですか」

思わず聞き返すと、井上さんはこんなふうに話してくれた。

「K君ってほら前は棘なんか刺さっているときに、とってあげるからちょっとおいでと言ってこう手をかけようとすると、反射的にこうやって慌ててこうやって（防ぐように身構えて）いたじゃないですか。それがこの頃は、なんか喜んでさっと来るようになったんですよ」

「へえ、そうですか」

田村はそう答えながら、内心ぎくりとしていた。

毎日身近で接していると、そういう何気ない変化に鈍感になってしまうものだ。田村は慌てて、先日の父からの電話の件とつないで考えてみた。

「この間、何年かぶりにお父さんとちょっとだけ話をしたってことあったようだけど、そういう変化っていつ頃からですか?」

「そうですね、一月の終わり頃からじゃないかしら……」

井上さんが指摘した時期というのは、その電話の時期と全く符合していた。Kは日記に何も書かないし、彼の心の中ではそれほどのインパクトもなかったのではないかと安易に考えていた。が、どうもそうではなかったらしい。自分は全く鈍感になってしまっていたのかもしれない。

そう言えば、半年くらい前から、Kは何かしっとりとした感じが出てきたようにも思える。下級生の教室に顔を出すらしい。学園で一緒に生活している一年生の女の子や三年生の女の子に、人気があるとも聞く。女の子たちはKを見ると、まるでアイドルを見たように、きゃあなどと恥ずかしがって隠れたり覗き見したりしているというのだ。Kは全校の前で、実に美しい声で堂々と歌を歌ったり、マラソンの校内チャンピオンだったりする。憧れの対象になっているのだろう。

そこで田村は、鎌をかけてみた、

「K君、ファンクラブあるんだってね」

すると、Kは満更でもないような顔をしながら、

「うんそうらしいよ。あいつら、まったくうるさくてしょうがない」

不思議なことに、田村とのそんなやりとりがあった頃から、Kは宿題を忘れなくなっていった。日記など書くことのほうがめずらしいくらいだったのが、内容の乏しさや乱雑さはさて置いても、とにかく毎日やってくるようになったのだ。

田村は不思議で仕方がない。田村には怠惰としか見えていなかったK。それが、養護教諭の井上さんからのひと言がきっかけとなって、Kに対する見方に変化が起きた。すると、まるで芋づる式にKのやわらかさが目立って見えるようになってきた。そして、Kの行動まで変化してきたのである。

誰かの心が自分に向いているという嬉しさは、Kの心を至極安定させるらしい。それ

によって、周囲の大人たちも腹を立てることなく穏やかに接しられるようになってくる。Kが年下の子を可愛がり始めたこと、その子たちから好かれるという気持ちのよい関係、これを絆と言ってよいかどうかわからないが、Kは確実に癒されてきているように見える。

父と絆を

ある夜、田村にメールが届いた。学園の池谷さんからだった。

Kの父親から電話があり、Kが十分程話をしていたというものだった。

《Kの父親より電話がありました。Kちゃんすごく嬉しそうに話して携帯番号も教えてもらい、いい顔してましたよ！　仕事が忙しくすぐには来れないようですが、三月中には会いに来てくれるとのこと！　父は自分の部屋があるので、いつでも電話をかけてもいいと言ったようです。十分以上は話していました。本当にいい表情でした。》

さらに次の日、

《家庭科の授業で作った手作りの筆箱を持って来ましたが、器用なんですよ。上手な出来に驚かされました！　それでＫ、家族全員に送りたいとのこと。私から考えると次元を越えた愛情。なんとも言葉にならない？？？》

この「言葉にならない」という池谷さんの思い、田村も同感だった。家族と言ったら、あの虐待をした継母も入っているということなのだから。

朝登校すると、Ｋは早速お父さんから電話があったと田村に話しかけてきた。話の内容は根掘り葉掘りは聞かなかった。そういうことを聞き出して記録するようなことは、教師根性もいいところだと思ったからだ。「今日の日記に書く」と明るい声で話を結んだＫは、家庭科で作った筆入れを見せながら、

「先生おれ困った、数足りなくなった。プレゼントってことで学園の先生にやることになっていたけど、家の人にやることにするわ」

昼の掃除中に通りかかるとまた話しかけてきた。

「おれが一年生のとき赤ちゃんってことは、今何歳かな。六歳なら筆入れなくてもいいよね、筆入れやってもどうせわかんないし。それだと、とうちゃんとかあちゃんと姉ちゃんと……」

指を折って、家族みんなを数え出した。プレゼントの数がひとつ足りないというのだ。

田村は内心思った。

「自分を虐待した継母なんて数に入れるなよ。それに、兄ちゃんや姉ちゃんだって意地悪したんだろ。弟が生まれてから、虐待されるようになったんだろ。K、あなたはこういう家族を一度否定して乗り越えないと、自分の心の中に本当には受け入れたことにならないと思うよ。第一今、家族があなたを受け入れてくれるはずはないじゃないか……」

だが、Kは真顔で考えている。雑巾がけをやりながら、プレゼントの数を数えている。彼が抱いているのは、幻想であって現実ではない。大きな勘ちがいだ。父も少なくとも今のところは、ましてや継母に至っては、Kを再び受け入れる気はないだろう。既に五年の月日が経っていることが何よりの証拠だ。

Kがいないことが当たり前になってしまっている家族。池谷さんの誘い水があって、初めて数年振りに電話を寄越した父親。Kが保護されて以後も、生活態度を改めようとしない継母。

そういう家に、Kが帰って行く空間はもはや存在しない。現実はそうなのだ。それでもいいのか。それでもKが明るく今を生きるためには、いつか帰れるかもしれないという幻想でも、ないよりはましだということか。

Kは今日も空気中の一点を見つめている。彼の目には何が見えているのだろう。十日後の卒業式。Kの父親は出席してくれるだろうか。Kは、来て欲しい、きっと来てくれるにちがいないと思いつつ言う。

「おれ、仕事優先だから、父ちゃん仕事忙しいから休まないほうがいいから来なくてもいいわ」

防波堤を築くのだ。

しかしその一方で、家庭科で作った小物をプレゼントする相手を池谷先生からお父さんに替え、きれいな紙で包んで用意してあるのを見せてくれる。この矛盾。否、矛盾ではない。来て欲しくて仕方がないのだ。

田村は想像する。卒業式の朝、五年ぶりに父と再会して笑顔ではしゃぐKの姿を。そして同時に、父が結局来てくれなかったという落胆ぶりを、田村たちに悟られまいとして気丈に振る舞い、はにかむような表情で卒業して行くKの姿を。

後者の可能性は高い。彼は健気だ。

第六章　恢復

卒業式でのハプニング

田村から手紙が届いた。


昨日十七日は卒業式でした。

私が五年間担任した五人の子どもたちが卒業して行きました。そこでちょっとしたハプニングがあったので紹介します。

あのKが、校長先生のお話（式辞）の最中に貧血で倒れてしまいました。登校してから、「どうもズボンのベルトがきつくて」などと話していたので、体調が悪かったようです。

やはりKの父親は卒業式に来ませんでした。Kはこのことをひどく気にしていました。

「先生、父ちゃんやっぱり忙しくて無理なんだって」

「（私は内心、やはりなと思いつつも）そうだね。お父さんは忙しいんだよ。でも来られなくてもさ、このあいだやっと五年ぶりに電話で声を聞けたんだし、つながりが持てたんだからそれだけでもいいと思うよ」

「そうか……」

そんなやりとりが私との間であったからです。

彼は九分九厘無理だろうとわかっていても、心のどこかで、それでもひょっとして来てくれるかもしれない、来て欲しいと強く願っていたにちがいありません。

そういう精神的な緊張感と落胆が、貧血に結びついたと考えられます。

倒れたKの周りにはすぐ数人の先生が駆け寄って介抱し、職員席の後ろに寝かせてしばらく休ませておくことにしました。

式は進行していきました。やがて、子どもたち同士がお別れの言葉を交わし合う「よびかけ」の場面となりました。

今年のよびかけは、前半が一〜五年、後半は卒業生が、十分間ほど思い出を語ったり先生方への感謝を述べたりして、最後に二部合唱「一つのこと」を歌うように構成しました。なにしろ五人しかいませんから、一人ひとりの分担がかなり多くあります。

卒業生の「よびかけ」の部分が近づいてくると、校長も教頭も他の何人かの先生も、私のところへ来て「よびかけはどうしますか?」と心配して下さいました。

しかし、私はまったく問題にしていませんでした。今までやってきたオペレッタ等の表現活動のときはもちろん、普段の生活の中でも指導してきました。

「もし休んだ人がいたら、いちいち相談したりしないで即座に誰かが代わりをやっていこう。誰かが間違えてしまったときも、それに合わせてうまくつなぎながら進めていこう。本番は練習どおりにやることが目標じゃない。たとえ言い間違えるようなことがあっても問題じゃない。問題は、どれだけ思いを深くして言葉を言えるか、歌えるかだよ」

そんなふうに、絶えず要求してきていたからです。私の学級では、そういうことは当然のこととしてきました。

「大丈夫です。子どもたちはちゃんとやりますから」

そうきっぱり答えて見ていました。案の定残りの四人の子どもたちは、Kの台詞を代わる代わる交代するように言っていきました。何の打ち合わせもなく、最初は澄子ちゃんが、次に大輔君が、そして春彦君もM郎君も。「ぼくが転入して来たとき」などという部分は、「K君が転入して来た頃」というように上手に言い換えながら。

実は私は安心して見ていたと同時に、一体どんなふうに対応してくるだろうかとわくわくするような感覚もあったのです。

子どもたちの見事な対応を見ていると、

「なんて賢いんだろう。こんな緊張する式の最中に、こんなことをやり遂げてしまうとは！」

私は、心から感動しました。

「ああ、自分がやってきたことは間違いなかったのだ。よくぞ、ここまで子どもたちはきたなあ。本当にすごい。すごいことだ。私が目指していた姿がここにある」

「一つのこと」が近づいてきた頃、歌の得意なKは快復して立ち上がり、合唱に参加。

卒業式は無事終わりました。

このハプニングは子どもたちにとって、自分たちの実力を試すいいチャンスになったし、それを克服したことで心のつながりをより強められた出来事となりました。卒業式の感動をより深いものにすることができたのでした。

絆を求めて

田村は、自戒する――。

この五年間のKとの生活で、自分はいったいどのくらい教育技術を磨き、見識を高めることができたのだろうか。

そう思うこととは裏腹に、そんなものは明らかにしなくたってよいのだ、という思いも横たわっている。そんなことの解明は誰か他の人に任せて、Kとの今の繋がりさえあればいいのだ、という思い。

自分の教育研究は、結局のところ、そのときそのときの感情に流される中途半端なものでしかないのだろうか。だが待て、Kのことは、研究対象になどしてはいけないのではないか。それなのに自分は、Kを研究対象として見るような瞬間がなかっただろうか。

Kが求めていた絆が何かを探し当てようとして、どういう方法を使えばどういう効果が期待できるか、そして、どうすればKがこの腕に飛び込んで来てくれるのかと、それればかりを考えてきたのではないか。Kはきっといつか、自分を求めて寄り添って来てくれるのではないか。そんな淡い期待を抱きながら歩んで来たようにも思う。つまり絆を求めていたのは、Kの方ではなく、実は僕自身ではなかったのか……。

Kと出会ってから、虐待に関する著書や論文や新聞記事をできる限り読んできた。学校の他の職員やしなのき学園の先生方とも、日常的に話し合ったり連絡ノートで相談し合ったりもしてきた。そうして得た知識を使うことによって、例えば、「虐待の再現傾向」にとり込まれることがないように心がけることはできた。だから、知識が有効であったことは確かだ。

そう思える一方で、そうして得た知識だけでは、Kの心の底に澱のように沈殿しているものには太刀打ちできない、という自分の脆さも思い知らされてきた。

Kの魂の傷跡に触れたと感じられた瞬間は、結局はなかったかもしれない。自分にとって、この五年間はいったいなんだったのか。否、自分にとってではない、Kにとってなんだったのか。

そこに一つだけ救いがあるとすれば、同僚の西脇さんがときどき言ってくれたこと、

「Kと田村先生のやりとりは、なんというか、絶妙ですね。もうちょっといくと叱られるっていう一歩手前で、Kがさっと身をかわす。それを先生がまたぱっと受け取って、

やり込める」

だから今思う、Ｋといるその瞬間を分かち合えるだけでいいのだ、と。苦悩しつつ過ごしてきた年月の間に、自分の中で何か決定的な変化が起きているように思えるからだ。

虐待されたかわいそうな少年Ｋ。追いすがるように追いかけても、いつも遠ざかってしまって行ったＫ。そのＫがきっといつかはこちらに向かって歩み寄って来てくれるのではないかという幻想。

次々に繰り出した方法は、すべて失敗に帰し、あるいは幻影と化し、残されたのはＫといるこの瞬間を楽しみたいという、ただそれだけの刹那にも似た思いだけだ。しかしそこにこそ、絆のかけらがあるようにも思える。

僕自身がＫに対して、まっさらな自分を開示して見せることこそ、すべての出発点ではないだろうか。それは、教育的人間関係の根本問題につながっているはずだ。僕自身の心の開示こそが出発点なのであり、Ｋは虐待されたかわいそうな少年だという思いからは何も出発しない。

理解しようとしても、理解も共感も受け付けない体験、虐待。

そうであるなら、僕らにできることは何か。それは、理解しようとしても理解し切れないと覚悟しつつ、それでもみずから理解しようとし続けることよりほかに、いったい何ができるというのか。

僕は、Ｋによって気づかされたのだ。僕との絆を求めているにちがいないと思っていたＫによって、気づかされたのだ。

絆を求め続けていたのは、Ｋではなく自分だったのだ、と。救いたいと思っていたＫに、僕が救われていたのだと。

今はもう
僕らが　近づいてゆこう
君の魂の　在処の方に
絆を求めて

第七章　十年後の今

田村の再挑戦・新たな虐待との出会い

近年、児童虐待に関する早期発見早期保護の体制づくりやケース研究については、かなり進んできたと言えるだろう。因みに、インターネット検索で「児童虐待」と打ち込んでみていただきたい。それこそ多くのサイトが公開されている。それだけこの問題に対する関心が高まり、ネットワークも緻密になり関わる人間も増えてきた証拠であろう。客観的な資料や研究については、それらに任せたい。ここでは、現場の声をお伝えしたいと思う。まずは、田村が転任先の学校で、またも直面した虐待問題について語ってもらうことにしよう。

Kを卒業させ転任した学校は、山の中の小さな学校でした。

私が担任した学級は子どもが二十名で、人数的には適正でしたが、なにしろその前が五名の学級だったので、久々に会う二十名の子どもたちを多いなと感じたのは、今にして思えば滑稽なくらいです。

どの子どもたちも両親が揃っており、大変に穏やかな感じでした。Kたち児童養護施設の子どもたちとの付き合いが長くなっていた私には、一人残らず両親が揃っているという家庭状況は驚きでした。両親が揃っているのが普通、という時代はとっくに終わっていますから。

いかにも田舎のよさが残っているなあ、と思えるような村でした。

数年後、同じその学校で次の学級を担任したころから、事態が一変していきました。学級の人数は十八人で、前のときとほぼ同じでした。しかし、子どもたちの家庭状況は、前回とは大違いでした。

父子家庭あり、母子家庭あり、母親は都会で働き、祖父母が孫の面倒をみているという家庭もありました。そんな中に非常に短気で、なんでもないようなことにすぐにキレてしまう男の子がいました。劣悪な家庭環境の結果でした。明らかに虐待と言えるような環境の中での生活でした。

ある日の給食に、子どもたちの大好きなカツ丼が出ました。ご飯にキャベツをのせ、その上にトンカツをのせるソースカツ丼というやつです。

どうもこの子は、野菜があまり好きではなかった。そこで、配食してくれている子に、「キャベツはのせないでくれ」と言った。周囲にいた子がそれを聞いて、「好き嫌いしちゃいけないよ。野菜食べなくちゃいけいないないと思う」と言った。それがいけなかった。彼はそのたった一言がきっかけで、ぶち切れてしまったのです。大きな声で怒鳴りまくり、隣の理科室にたてこもってしまったのです。

「なんだよ！　てめえら。うるせえんだよ。っんざけんじゃねえ」

私がなだめに行っても、興奮状態は治まらない。

「うるせえ！　人のところ、指差すんじゃねえ」

どうも、私は子どもを諭すときに指差す癖があるようなんです。

こんなこともありました。朝起きたときの機嫌が悪く、母親がなんと言おうと悪態を言いまくって手がつけられない。挙句の果ては、欠席です。休みがちになってしまったので、朝私が迎えに行くことにしました。

ある日のこと、なにやらぷんぷん怒りながら、家から出てきました。そして、手に持っていた新品の雨傘を、私の目の前でずだずだにぶち壊してしまいました。何か得体の知れないものに怒りをぶちまけるように、傘の柄をばきばきと折っては千切って投げ、ビニールもびりびりにしてしまいました。

私は近くに車を停め、十五分間ほどじっと彼のそんな行為を見守っていました。そして、少し落ち着いてきた瞬間を見つけて車を寄せ、ドアを少し開けると、ぶつぶつ言いながらも乗り込んできました。そのまま学校へ連れて来ると、まるで何もなかったかのように陽気に一日過ごしていました。

彼の母親は、知的な能力の低い人でした。父親は建設会社の仕事をしていましたが、母親の能力のこともあり、給料はほとんど渡していませんでした。母親が食費もないからと半泣きで頼むと、必要分だけ渡して寄越すという具合です。

母親も、それを計算して使うということができないものだから、バスで出かけられるスーパーにタクシーで行ったり、当座必要もない衣服を購入してしまったりして、すぐお金がなくなってしまうのでした。

父親は、自分の好きなものがあると買って来て、自分ひとりで食べてしまう。あとは、パチンコに散財です。

この家では、先々代から基本的な税金も納めないまま住んでいました。また、近くの畑から野菜をくすねて来ては、平気で食べたりしていました。

役場の職員が生活改善に向けて話をしようとしても、父親はすぐにキレてしまうので、皆怖がって近寄れませんでした。

長男であるこの男の子は、そんな環境の中で、父に似た形質を徐々に顕わにしてきていたのです。家庭の中で、学んだとも言えます。妹と知的障害を持つ弟は、父親から可愛がられていました。逆に長男であるこの子に対して、厳しく暴力的に望んだようです。

結局彼は、両親の養育不能という理由から、児童相談所に保護され、児童養護施設で生活するようになりました。

この子も、広い意味で虐待を受けていたと考えてよいでしょう。

もう一人、大阪から男の子が転校して来ました。この子は、母親の養育放棄により児童相談所で保護され、母親の実家の祖父母のもとに身を寄せたための転入でした。

両親は離婚。養育権を持つ母親は、三人の息子の面倒を見ながら働いていましたが、遂にそれを放棄、蒸発してしまいました。その後、この母親は結局別の男性と生活するようになり、出産もしたようです。その生活も、いったいどうなったのやら。警察沙汰を起こしたという話も聞こえてきます。

三人の男の子たちは、結局は見捨てられたのです。この子たちは知っています、母親は自分たちを置いてどこかへ行ってしまった。そして、他の男性と暮らし、どうも自分たちの妹を産んだらしい。いったい何処へ行ったのか。電話も手紙も来ない。

このようにして、子どもたちの魂はどれほど傷つけられるのでしょうか。そのかなしみ、そのもどかしさ、その苛立たしさ。

私たち教師は、この傷跡を、学校教育を通して癒し、彼らの魂を恢復させることができるのでしょうか。

これらふたつの事例が示すように、児童虐待や養育放棄、養育不能は、何も都市部の話ではなくなってしまった。どんな田舎の小さな村でも、どんな小さな小中学校でも、今や決してめずらしいことでもなんでもなくなってしまったのです。

虐待を受けた子どもたちは、大体がいじけています。いじけて自信のない子というのは、誉められたり事がうまく運んだりしているときはすこぶる機嫌がいいのですが、ほんのちょっとした失敗や躓きがあると、すぐいじけ落ち込み、梃子でも動かないほど固まってしまうか、キレて暴れまくるかのどっちかです。教師も手がつけられない、お手上げ状態になってしまう。説得も説諭も、煽ても恫喝も、すべてが通用しなくなってしまう。

傷ついてしまっている魂は、何ものも受けつけようとしません。そういう心の傷を負った子どもたちが、蔓延してきているのです。児童虐待という許されざる行為は、この十年間に、確実に日本の隅々にまで行きわたり浸透してしまった。

残念ですが私にはそう思えます、実感として。

田村が指摘しているように、児童虐待という忌むべき行為あるいは事件は、マスコミをとおして見聞きする人々にとって、今や驚愕の事実というよりはむしろポピュラーなものとなりつつある。「またか」「このごろよくあるな」といった具合に。

しかし、虐待から保護された子どもたちが、学校教育の中でどのようにケアされるべきか、その方途への道は拓かれていないままだ。

ネットワークづくりと縦割り行政

あれから十年。児童虐待に対する社会的な関心は一挙に高まった。特異な問題ではなく、社会問題として一般化してしまった。凶悪な事件が増え、連日のようにメディアを通して伝えられることによって、決してめずらしくない問題になってしまった。児童虐待に関する著書も多く刊行されるようになった。

虐待の早期発見、早期保護に関する地域ネットワークも構築されつつある。保護した後のケアの問題にも目は向きつつある。

しかし、学校教育におけるケアに関して、有効に機能するような、施設と学校とのネットワークは構築されたと言えるだろうか。答えは、残念ながらノーである。

原因はいくつかあるだろう。ひとつは縦割り行政の問題である。

児童養護施設は労働厚生省管轄下にあり、公立小中学校は文部科学省の管轄下にある。また、関連機関である家庭裁判所も、言うまでもなく別の管轄下にある。

田村が前任校在職中に密かに目論んでいた、当該学校間にネットワークをつくろうという構想は、結局実現しなかった。その根本原因は、やはり縦割り行政にあると考えられる。

児童相談所は、児童養護施設同士の交流会を企画できたとしても、学校間あるいは学校職員同士の交流までは企画することができない。一方地域別教育事務所はどうかと言えば、こうしたネットワークづくりをしようという発想そのものがない。

家庭裁判所・児童相談所・児童養護施設・学校間で、職員同士の交流の場が生み出せないだろうか。

現時点では、児童虐待早期発見のためのネットワークづくりは、かなり進んできている。しかし、保護後の生活指導や学習指導に関するケース研究の場は形成できていない。仮に、まず児童養護施設から子どもたちが通う学校間に交流が生まれれば、こうした傷ついた魂を抱える子どもたちへの対応は、幾許かでも進展するはずである。

転勤によってこうした子どもたちに初めて出会った教師は、どれほど戸惑うことだろうか。田村の例を挙げるまでもない。当然同僚からのアドバイスはあるだろう。しかし、田村がいるS県のように、校長以下職員が数年ずつで転勤して行くような学校においては、適切な情報やノウハウは蓄積されず伝わり難い。仮に学校間にネットワークがあり、コーディネーターの役割を果たす職員同士が集う連絡会があれば、事情は少し進むかもしれない。少なくとも何らかのヒントは得られるはずである。

そうした会が核となって、職員の研究交流をすることはできないだろうか。子どもたち一人ひとりが抱えている問題は、それぞれ異なり、それぞれが一筋縄ではいかないやっかいな原因に根ざしている。その一角を切り崩していくためのヒントくらいは得られるのではないだろうか。

しかしながら、各地域を管轄する教育事務所には、こうした発想の動きは見られない。子どもの問題は、個々の児童養護施設と学校間の狭い連絡会や研究会に任されてしまっているのである。発達障害に関わる特別支援コーディネーターの講習会などはあるが、被虐待児童に対する支援のあり方には目が及んでいない。

田村のいるS県にしても、私のいるN県にしても、学校現場にいる管理職にも、こうした問題意識はほとんど見受けられない。

虐待の問題に限らないならば、教員同士による実践研究交流の場はある。例えば、文科省あるいは県教育委員会指定校研究による公開と参観、教育課程研究協議会のような研究会、教育研究集会や民間教育研究団体による公開研究会等である。

しかし、そうした半ば公の場で、児童虐待等に関するレポートを発表することは、差し控えられる。発表する場合でも、先に述べたように子どものおかれた状況とプライバシーへの配慮から、突っ込んだ資料提示や検討は期待できない。

するとやはり、当該学校職員同士が、お互いの内情や悩みを語り合い、突っ込んだ話し合いや相談し合いができる場が必要なのではないだろうか。

児童相談所と学校と児童養護施設による自立支援のためのネットワークづくりやコーディネーター研修等が企画されないのは、縦割り意識に基づく教育行政・福祉行政の弱点だと言える。学校なり児童養護施設なり、実際に子どもがいる場を核にして、教育と福祉とが連携することこそ重要なのである。

教育事務所と児童相談所とが、柔軟な発想によって連携プレーを行い、ネットワークづくりをしたり研修会を企画したりする日が来ることを望みたい。

Kよ、前へ！

田村がKと出会ってから十年。

Kとの直接的な関わりは、小学校卒業と共に終わった。その後、田村は別の小学校へ転任しても、ときどきしなのき学園に顔を出しては、子どもたちとの交流を図ったり学園職員との雑談を楽しんだりしてきたと言う。

中学へ進学したKは、部活動は結局続くはずもなく挫折。自分が夢中になれるものには出会えないまま日々を過ごしていった。しかし、周囲からは絶えず温かく見守られ、卒業を迎えることができたのだった。

小学校時代からの口癖は相変わらずだった、「おれ、やればできるんだけど、やる気がなくてね」

中三の頃、Kの家庭にも変化が起きていた。詳しい事情はわからないが、Kに虐待を加えていた継母は結局離婚し、それを機にKは自宅に戻ることになったのだ。

中学卒業前に五人の子どもたちと食事をともにする機会があった。田村には、久しぶりに会うKが輝いて見えた。Kは、自宅に戻って新しく高校に通う、という目標を持って生活を始めていた。自宅に戻り父と暮らすという到底叶うはずもなかった夢が、今現実のものになりつつある。

Kは能弁に、田村とのおしゃべりを楽しんだ。こんなにも柔らかく自分の喜びを表す姿を、かつて見ることがあったろうか。田村には、まぶしく見えたものだ。

やがて、自宅に戻り、地元の農業高校に進学できたKは、現在父とふたりで暮らしている。そんな生活も一年が過ぎようとしている。

田村は、今、無性にKに会いたいと思う。

田村先生、たいへんご無沙汰しています。お元気ですか？

さて、Kくんは自宅へ戻り、高校へ今のところ問題なく通っています。現在、父親と二人暮らしです。夏休み、冬休みは学園に遊びに来てますよ。夏休みに来た際は通知表を持って見せてくれました。アルバイトも始めたようです。

一方の分裂症と診断が下ったM郎くんですが、学園での問題行動が度重なり、児童自立支援施設へ措置変更となり、現在もそこに在籍して高校の昼間定時に通っているようです。施設の職員によると大きな問題はないようです。

しなのき学園とは子どもの質がちがうため、自分より弱いものを徹底的にいじめてしまうような行動はないようです。M郎より弱者があまりいないのが大きいと推測します。

M郎くんの弟ですが、兄とはまたちがった意味でおかしくなり、結局、大学病院(子どもの心診療部)で、アスペルガーと診断。毎日、リタリン、リスパダール等の薬でパニックを押さえてます。

ところで、虐待→保護→帰宅→虐待→保護→帰宅、と悪循環を繰り返していたB夫くんが、またまた保護されて来ました。中三、進路と大変ですよ。

メールでは伝えきれないので今度お会いして話したいものです。
ここは社会の縮図でしょうか。

しなのき学園の池谷さんからのメールを読み終えた田村は、心底Kに会いたくなった。池谷さんによると、Kは自衛隊を希望しているという。自衛隊と聞いて、一瞬なぜと思ったが、よく考えてみると、そういう厳しい環境に身を置かないと自分の弱さに負けてしまうだろうと判断したにちがいない。Kは、自ら厳しい環境に跳び込んでみよう思ったにちがいないと、田村は納得した。

一方、M郎は無事定時制高校を卒業し、今年紡績会社に採用された。会社の寮に入り、毎日元気に働いていると言う。聞きつけた田村が電話をしたことをきっかけに、M郎はときどき電話を寄越すようになった。未成年であり何かと制約の多い彼は、まだ携帯電話を持たせてもらえない。給料をもらうと小銭を積み上げて、公衆電話から田村の携帯に電話を寄越すのだ。働き始めて半年くらいは、月に一・二度寄越したが、最近はめったに来なくなった。心配した田村が、会社の上司に連絡をとってみたところ、こんなメールをいただいたと言う。

田村比佐夫　様

拝啓　はじめまして。私は、〇〇紡績所〇町工場人事課長を務めております伊藤と申します。この度は、メールを頂きましてありがとうございました。

こちらは雪の中新年を迎え、弊社も本日五日より工場の操業を開始したところです。さて、田村先生におかれましては、お忙しい中いろいろとご心配を頂き、またM郎君からの相談にも応じて頂いているご様子にて心より感謝申し上げます。

弊社は昭和五十八年にこの町にて新設、操業を開始。以来二十五年に渡り好不況や海外との競争激化などを乗り越え、お蔭様で今日を迎えております。特に平成十八年までの六年間は国内事業場の整理統合の関係で、新卒者の採用も停止しておりましたが、久しぶりに昨年平成十九年春に採用を再開し、男女二名ずつの新入社員を採用致しました。その内の一人がT高校より応募選考を経て採用したM郎君です。

彼の生い立ち等につきましては、施設長様他の先生方からもいろいろお話をお聞きし、それを踏まえて採用を決断致しました。採用後九ヶ月を経過し、養成研修期間終え、現在は夜勤を含めた三交代制の班に所属し、与えられた職務に励んでおります。

田村先生におかれましては、彼の人柄等につきましてはよくご存知のことと思いますので、ご心配の向きは私にもわかる気が致しております。入社以来、仕事以外の部分でもクルマの免許取得に関することや、人との関わり方、将来設計等々についていくつか助言を与えてきました。職場の人間関係においても、他者の善意を大人の心で理解することができない部分もあり、衝突したこともありました。人からの意見について彼なりに咀嚼しようとしている姿勢が感じられますが、未成年ということもあり、自分の思い通りにならない部分に苛立ったり、心の中に何らかの葛藤を抱えているのではないかと思っています。ただ、それも彼の背負ってきたものを考えれば止むを得ぬことと思いますので、若さもあり、今は時間をかけて職場の所属長共々静かに見守っているところです。現時点としては、何れにしてもまだ入社一年にも満たないところでもあり、仕事の上でも身につけるべきことが多々ありますから、それに向かって彼自身が精進を続けてくれることを期待しているところです。

具体性に欠ける文面にて恐縮ではありますが、意のあるところをご理解いただければ幸いに存じます。彼への連絡につきましては、勤務時間中の取次ぎは致しかねますが、工場宛にお電話頂けましたら伝達させて頂きます。もし工場へお立ち寄り頂けるようであれば、事前にご連絡頂ければ都合をつけるように致します。今後ともお世話

――になることもあろうかと存じますが、何卒宜しくお願い申し上げます。

敬具

この会社がM郎を採用したことは、英断というほかない。そして、この人事課長さんの丁寧な対応を見るとき、成長していく会社の品位というようなものを感じる。人事課長さんがM郎を見守る眼差しは、限りなくやさしい。

田村は信じる、教育には未来がある。

教師たちが、妙な義務感を捨て、誰かからの指示や命令によらず、まったく個人として、自分の中から自然に溢れてくる信義に基づいて正しく知識と技術を用い、虐待された経験を持つ子どもたちにやさしく接しようとするとき、教育は変わる。田村自身が、教師としての自分を捨てたところから出発したように。

自分の立場や職種や肩書きの力を借りて、あるいはその立場上やむ得なく接しているようなやさしさは、真のやさしさではない。やさしさは施しではない。市場の競争原理に急かされて、訓練から生み出される挨拶や接客のためのやさしい笑顔も、瞬間瞬間に消えてしまう似非なるやさしさだ。迎合としてのやさしさだ。教育に、そういうやさしさはいらない。施しでも迎合でもない、その中間。そこに、真のやさしさがある。

虐待された経験を持つ子どもの心に近づこうとするとき、私たちは渡れないかもしれない深く広い川の前に立っている。渡れないかもしれないが渡ろうと努力し続けるしかない。たとえ時間がかかり成果が見えにくくとも、施しや迎合の精神を離れ、近づいていこうと努力し続けること。それを、やさしさと言うのではないだろうか。

田村が、KやM郎から学んだことは、そういうことだったのである。

おわりに・向こうにある絆

Kよ
僕らは　歩んでゆこう
君の傷ついた魂の　在処の方へ

Kよ
君は　掴んでいたのか
僕らが握っている　このロープの
もう片方の端っぽを

追いかければ追いかけるほど

遠ざかってしまう　君の背中に
いったい何人の大人の手が
触れることを許されたのか

君のあまりに敏感な身体は
いつも見事に反応し
射程距離内には
誰一人入れることがなかった

わずか十余年の
君の不確かな人生の中で
僕はいったい　どの辺りに置かれていたのか

継母による虐待と
その残忍な行為を容認した父親とを

君は許すことをしたのか

いったい許すとは何か
自分のこれからの生き方の
その着実な歩みのために
君はすべてを引き受けてくれたのか

Kよ
君は「この人が」と定めた韓国の母を
いつか会う美しい恋人の中に
再び見出しながら
生き続けてゆけるのか

君はこれから
何を為すことによって

傷ついた自己の魂を
恢復することができるのだろう

Kよ
君の傷ついた魂の
その傷跡の深さを
君はいつも確実な方法で
僕らに見せつけた

君が闇から抜け出そうと
もがいて打ち壊したあのドアの
蝶番の小さな穴に
頼りなげにぶら下がっていたネジ釘
ああ　それはみんな僕らなのだ
君の傷跡を癒そうと

蝶番のように
いつも両手を開いて待っていただけの
僕らなのだ

追いすがる僕らをすり抜けて
待ち構えていた僕らを打ち壊して
君はどこかへ飛んでいった

僕らはみんな思い違いをしていたのだ
君がいつかは心を開いて
僕らのかいなに飛び込んでくるものとばかり

僕らはとり違えていたのだ
やさしさとは
抱え込み

作り笑いで
寄り添っていくことなのだと
癒されたがっていたのは
君なのではなく
僕らだったのだ
君と繫がることで

Kよ
君が真に必要としたのは
やさしさという隔たり
僕らがもたなければならなかったのは
やさしさという隔たりだったのだ
抱え込むことではなく
突き放すことでもなく
待ち構えることでもない

やさしさとは
たとえ至り得ないと覚悟していても
相手を理解しようとし続けること
そのことをおいてほかにはない

だが（だから）今はもう
僕らが　近づいてゆこう
君の魂の　在処の方に
絆を求めて

*

絆とはなんだろうか。真のやさしさとは、なんだろうか。

私の問いは、ますます重くなった。

児童虐待によって傷つけられた子どもたちの魂は、果たして学校教育によって癒され恢復することができるのだろうか。

本書は、そうしたテーマについて、田村というひとりの小学校教師の実践を手がかりに、児童養護施設職員のみなさんの協力も得て書き綴ってきた。

今、この物語を閉じるにあたり、私の問いはますます重く深い。絆とは何か。私たち教師が、子どもとの間に築くべき人間関係としての絆。

それは、初めからあるものではなく、こちらから与えるものでも待ち構えていることでもない。求め続けることだ。到底理解不可能だと覚悟しつつも、理解し続けようとすること。至り得ないとわかっていても、彼らの心に届こうとし続けることだ。だから絆は、ここにはなく向こうにある。

虐待された体験を持たない私たちにとって、Kたち被虐待経験を持っている子どもの心情は、安易な共感を持って頷きながら聞くことなどできるものではない。

「よくわかるよ、あなたの気持ち。」

到底そんなふうには言えるものではない。「虐待された子どもの気持ちがよくわかる」と即座に答えるような教師や大人がいるとしたら、それは不遜と言うほかはない。

虐待を受けた子どもの心情や魂の傷の深さは、容易くわかるなどと言えるものではない。言えないが、しかし言えるようにはなりたい。言えるようにならないかもしれないが、言えるようになりたいのだ。

そういうほとんど実現不可能な願いを持ちながら、求め続けていくことより他に、私たちにできることはない。

私たち教師にとっての絆とは、そういうものである。

担任である田村が、初めKに対して作ろうとしていた関係は、共依存症でいうところの「救世主」としての自分であったように思う。救う者としての教師田村、救われる者としての少年K。その田村が、対話的な対等の関係のほうへ歩み始めようとしている。

虐待を受け傷ついた子どもの魂を、学校教育によってどう癒し、どう恢復するかという問題。それは私たち教師が、あるいは私たち大人が、「新しい日本人」として、子どもたちとどういう関係を築いていくべきなのかという問題に他ならないのである。

ところで、社会は今、改革という美名の下に急速な変化を見せつつある。なぜその改革が必要なのかという改革の是非が問われないまま、あたかも改革することそのものが正しいかのような「改革至上主義」に陥っている。そうした事情は、教育界においても同様だろう。結局は経済効率のために、耳触りのよいキャッチフレーズのオブラートを被せられて、小規模校は次々に統廃合されていく。あるいは少子化故のやむを得ない流れだとされ、あるいは「知の大競争時代」に伍して負けない競争力のある人間づくりのためだとされる。学力低下問題を克服するためと称して、新自由主義的競争原理が導入され、一部の勝ち組を生み出すための教育がまかり通ろうとしている。

こうしたことは、結局は経済論理に基づいた発想に過ぎない。本来教育が、特に義務教育が目指すべきものではない。そうした発想しか持てない人の目には、小規模校での人間関係は固定化されてしまっているため、競争意識が薄れ学力が伸びないのだと映るのだろう。大規模化すれば競争意識が生まれ、そこで鍛えられた子どもたちは国際社会に通用するような実力を獲得することができるのだと言う。果たして、本当だろうか。

結論を言えば、それはマヤカシだ。

公立の小規模校でも子どもたちが高い学力を達成できる事実、スポーツの面でも全国的なレベルの成績をあげている事例を、私はいくつも知っている。統廃合の真の目的は、市町村合併がそうであるように、結局は経済的効率性に他ならない。ひとつの町村に小規模学校が二つも三つもあるよりは、統合してひとつの学校にしたほうが、なるほど経済的な面から見れば効率的にはちがいない。

大規模校における競争と管理による集団主義教育は、日本が数十年前に捨て去ったはずの教育だ。高度成長期における教育は、それが相応しかったのだろう。しかし、今必要とされているのは、競争意識に溢れかえった大規模学校ではなく、子ども一人ひとりの多様な状況に対応できる、小規模で家庭的な雰囲気を持っている学校。言うなれば、アットホーム・スクールである。従来ホームとスクールは、家庭と社会という形で相対的な位置にあったが、今はそれらの融合こそ必要な教育的発想であると思う。

児童虐待はますます深刻化している。そして、不登校やニートといった状況が示すように、学習意欲や就業意欲の乏しい子どもたちの存在も蔓延してきている。これらの問題に対応できるのは、集団主義的な教育方法に依らざるを得ない大規模校ではない。小規模なアットホーム・スクールなのだ。

小規模校の持つよさを廃して統廃合を繰り返しつつある現状は、教育を経済的な発想からしか見ることのできない貧相な理念に基づく。

貧しくても慎ましくても、また競争はなくてもよいから、アットホームな小規模校のよさを温存してほしい。少なくとも児童養護施設などから子どもが通う学校への特別な配慮を期待したい。一人ひとりの子どもが抱える心の傷や問題を一切捨象して、人数だけを勘定するような教育行政が罷り通ってよいわけはない。

私は問いたい。今の学校教育はやさしいのか、と。

＊

明記しておきたいことがある。

本書は、筆者の三作目となる。前二著『子供が輝く「魔法の掃除」』『「魔法の掃除」13カ月』（いずれも、三五館より刊行）が、掃除教育を中核にした道徳教育の新しい姿を提案したのに対し、今作は児童虐待をテーマに扱ったものとなった。

しかし、注意深い読者はすでにお気づきのことと思うが、三作に共通するメイン・テーマは、別のところにある。それは、今日の学校教育が立ち返るべき根本についてであり、教師と子どもとが結びなおすべき関係性についてであった。これらは、表面的な学力向上論議の陰に隠されてしまった教育の根本問題だと言ってよい。

教育改革の嵐の中で、「人格の完成を目指す」（教育基本法第一条）という教育の目的は、いったいどこへ行ってしまったのか。目的に向かって私たちが、今最も追求すべきことは何か。

こうした私の問題意識は、本書が成る過程で、自分自身を問い直すきっかけを与えてくれた哲学的な出会いに端を発している。倫理学者竹内整一氏（東京大学教授）との出会いから、講義をとおして直接的に、また著書をとおして間接的に、多くの示唆を与えられた。竹内氏の、日本人は「やさしい」のかという問いは、教師は「やさしい」のかという問いとなって、私自身に向けられてきた。教師にとって、「やさしい」とはどういうことか。

虐待された子どもにやさしくしようという田村の言葉は、単なる精神論のように聞こえるかもしれない。しかし、彼のやさしさには、知識と技術と意志とが埋め込まれている。児童虐待に関する知識がないところに子ども理解はない。子どもから汚い言葉を投げつけられたとき、直接そのことに反応せず話題を転換させて応対できるためには、高度な教育技術が必要だろう。そして、知識と技術の行使を日々継続するには、意志の力が不可欠だ。だからこそ、虐待された子どもにやさしくするというのは、並大抵のことではないのである。

田村がみつけたこの「やさしさ」を、さらに一般化して考えるとき、子どもにとって「やさしい」教師とはいったいどういう存在であるべきなのか。

今私たち教師が、「やさしい」をキーワードとして、自己に問いかけ子どもとの関係性を結びなおそうとすることで、教育は「人格の完成を目指す」という目的に向かって、再出発することができるにちがいない。

〈著者紹介〉

平田　治（ひらた おさむ）

1953年生まれ。信州大学教育学部卒業後長野県小学校教員、現在に至る。この間、平成4年度文部省教員海外派遣団参加（アメリカ教育視察）、平成7年度長野県教育委員会派遣内地留学（文教大学）、平成19年度文部科学大臣優秀教員表彰。

20年以上に亘って「自問清掃」を核とする新しい道徳教育のあり方を追求、2著に著す。自問教育の会事務局長。企業・小中学校・大学・教育機関から、自問教育や国語教育に関する講演や講義の招聘があり、多忙な日々を送っている。また、アマチュアコーラスの指揮者として、女声コーラスを指導。日に日に上手になっていく喜びを団員と味わいつつ、精神的なシェイプアップを図っている。

著書として、『子どもが輝く「魔法の掃除」・自問清掃のヒミツ』『「魔法の掃除」13ヵ月・Iメッセージを語れる教師』（いずれも三五館）。論文として、『教員養成における「自問清掃」指導の意義と成果』『学ぶ意欲と能力を育てる学習指導に関する考察』等。

虐待された少年とともに
——出会って５年・教師がみつけたこと

2008年４月８日　初版第１刷発行

著　者　平田　治
発行者　斎藤草子
発行所　一莖書房
〒173-0001　東京都板橋区本町37-1
電話 03-3962-1354
FAX 03-3962-4310

組版／四月社　印刷・製本／モリモト印刷